创新创业实践与
能力开发研究

高丽丽　著

中国青年出版社

图书在版编目(CIP)数据

创新创业实践与能力开发研究/高丽丽著. --北京 ：中国青年出版社，2024.11.--ISBN 978-7-5153-7585-4

Ⅰ.F241.4

中国国家版本馆 CIP 数据核字第 2025WH9202 号

创新创业实践与能力开发研究

作　　者:高丽丽

责任编辑:刘　霜　罗　静　邵明田

出版发行:中国青年出版社

社　　址:北京市东城区东四十二条 21 号

网　　址:www.cyp.com.cn

编辑中心:010—57350508

营销中心:010—57350370

经　　销:新华书店

印　　刷:北京联兴盛业印刷股份有限公司

规　　格:710mm×1000mm　1/16

印　　张:9.75

字　　数:135 千字

版　　次:2024 年 11 月北京第 1 版

印　　次:2024 年 11 月北京第 1 次印刷

定　　价:68.00 元

如有印装质量问题,请凭购书发票与质检部联系调换

联系电话:010—57350337

目 录

创新创业理论篇

创新创业实践篇

创新创业能力开发篇

创新创业理论篇

第一章　创新创业概述

第一节　创新概述

一、创新的内涵

创新是人类特有的认识能力和实践能力,是人类主观能动性的高级表现,是推动民族进步和社会发展的不竭动力。一个民族要想走在时代前列,就一刻也不能没有创新思维,一刻也不能停止各种创新活动。人类社会从低级到高级、从简单到复杂、从原始到现代的进化历程,就是一个不断创新的过程。各民族发展的速度有快有慢,发展的阶段有先有后,发展的水平有高有低,究其原因,创新能力的大小是一个主要因素。因此,正确地理解与把握创新的概念及本质,是有效提升创新能力的前提和关键。一般来说,可以从经济学、管理学和社会学三个角度解释创新。

（一）经济学角度的创新概念

什么是创新？简单来说就是利用已存在的自然资源或社会要素创造新的矛盾共同体的人类行为,或者可以认为是对旧有的一切所进行的替代、覆盖。

"创新"这一概念是美籍奥地利经济学家熊彼特首先系统定义的,他认为创新是指企业家对生产要素"进行新的组合",从而获得超额利润的过程。熊彼特将其所指的创新组合概括为五种形式:①引入新的产品或提供产品的新质量;②采用新的生产方法、新的工艺过程;③开拓新的市场;④开发并利用新的原材料或半制成品形成新的供给来源;⑤采用新的组织方法。熊彼特创立创新理论的主要目的在于对经济增长和经济周期的内在机理提供一种全新的解释,利用创新理论分析资本主义经济运行呈现"繁荣—衰退—萧条—复苏"四阶段循环的原因,说明了不同程度的创新会导致长短不等的三种经济周期,并确认创新能够引起经济增长。熊彼特等人对创新的定义,突出之处是强调了经济要素的有效组合,即创新应是信息、人才、物质材料与企业家才能等要素的有机配合,最终形成独特的协同效用。

熊彼特所描绘的五种创新组合大致可归纳为三大类:一是技术创新,包括新产品的开发、老产品的改造、新生产方式的采用、新供给来源的获得,以及新的原材料的利用;二是市场创新,包括扩大原有市场的份额及开拓新的市场;三是组织创新,包括变革原有组织形式及建立新的经营组织。之后,熊彼特的主要追随者从不同的角度与层次对创新理论进行了分解研究,并发展出两个独立的分支:一是技术创新理论,主要以技术创新和市场创新为研究对象;二是组织创新理论,主要以组织变革和组织形成为研究对象。

我国在 20 世纪 80 年代开展了技术创新方面的研究,傅家骥对技术创新的定义是:企业家抓住市场的潜在盈利机会,以获取商业利益为目标,重新组织生产条件和要素,建立起效能更强、效率更高和费用更低的生产经营方法,从而推出新的产品、新的生产(工艺)方法,开辟新的市场,获得新的原材料或半成品供给来源或建立企业新的组织,它是科技、组织、商业和金融等一系列活动的综合过程。

(二)管理学角度的创新概念

从企业管理的角度看,组织创新作为技术创新的平台,推动技术创新成为企业永续发展的根基,因此,技术创新能力的提升是企业核心竞争力提升的关键。技术创新的管理学解释强调了"过程"与"产出"(将设想做到市场),是指从新思想产生,到研究、发展、试制、生产制造直至首次商业化的全过程,是发明、发展和商业化的聚合。在这一复杂过程中,任何一个环节的短缺都不能形成最终的市场价值,任何一个环节的低效连接都会导致创新的滞后。

(三)社会学角度的创新概念

创新是指人们为了发展需要,运用已知的信息和条件,突破常规,发现或产生某种新颖、独特的有价值的新事物、新思想的活动。

创新的本质是突破,即突破旧的思维定式、旧的常规戒律。创新活动的核心是"新",它可能是产品的结构、性能和外部特征的变革,可能是造型设计、内容的表现形式和手段的创造,可能是内容的丰富和完善。

社会创新是社会人对社会关系的创新性发展,其对于社会关系内在本质及范畴的发现及创新是对于人类自我解放的自觉实践的反映。只有人类自我自觉的自我解放行为才可能是真的社会创新,才可能形成整体的社会革命性创新。社会的革命性创新路径依赖的是生产力的解放,是劳动人民内在自我解放能力的提升,是劳动科技中劳动者素质及工具的整体进步,最终表现为所有劳动者的社会化总体生产力的提升与劳动者作为人的存在的发展。

二、创新与创造的区别

创新与创造密切相关,在某些情况下互相包容、互相替用,但二者又有区别。创造是指将两个以上概念或事物按一定方式联系起来,以达到某种目的行为或想出新的方法、创建新的理论、创出新的成绩和东西,是在自己创新的基础上来制造新事物。创造就是一种典型的人类自主和能动行为。因此,创造的一个最大特点是有意识地对世界进行探索性劳动的行为。因此,想出新方法、建立新理论都是创造的结果。

创造行为就是产生具有独特性和价值性成果的行为。这种成果对一个人、一个群体、一个组织乃至整个社会都具有独特性、价值性。据此可以得出,创造的本质内涵是:主体为了达到一定的目的,遵循人的创造活动的规律,发挥创造的能力和人格特质,创造出新颖独特并具有社会或个人价值的产品活动。新颖独特是创造的本质性内涵,表明了创造的首创性、独特性。人人都有创造力,创造力是一种潜能。人的创造潜能表现在某一个领域,要求具备领域内或相关领域的知识和自身在这个领域的"先天"潜能得到开发、启动、激活。这需要主体在创新实践过程中把这种创造潜能开发出来,虽然在某一个领域没有"先天"条件,但是只要经过创新实践去培养、开发主体的创新思维,同样能够在某个领域内创造出新成果。

　　创造力可归结为三个方面:一是作为基础因素的知识,包括吸收知识的能力、记忆知识的能力和理解知识的能力;二是以创造性思维能力为核心的智能,智能是智力和多种能力的综合,既包括敏锐、独特的观察力,高度集中的注意力,高效持久的记忆力和灵活自如的操作力,也包括创造性思维能力,还包括掌握和运用创造原理、技巧和方法的能力等,这是构成创造力的重要部分;三是创造个性品质,包括意志、情操等方面的内容,这是在一个人生理素质的基础上,在一定的社会历史条件下,通过社会实践活动形成和发展起来的,是创造活动中所表现出来的创造素质。优良的素质对创造极为重要,是构成创造力的又一重要部分。

　　而创新的基本特征也具有独创性,这一点和创造是相似的。但是创新的标志是技术进步,而创造的标志是专利和首创权。创新还具有价值性,即创新要符合社会意义和社会价值,同时还要具有实践性。创新是一个实践过程,在实践的基础上实现主体客体化和客体主体化的统一。此外,创新强调商业化的首次运用,创新过程是主体创新个性因素和创新社会因素的内外整合过程,创新成果是创新主体对创新能力各个构成要素有机整合的结果。

三、创新的类型

　　从本质上说,创新是一种变革,在创新过程中聚焦于技术方面的变革是永恒的主题,因此,有必要了解创新的类型和相关特点。

(一)产品创新

　　产品创新是指提出一种能够满足顾客需要或解决顾客问题的新产品。产品创新可分为全新产品创新和改进产品创新。全新产品创新是指产品用途及原理有显著的变化;改进产品创新是指在技术原理没有重大变化的情况下,基于市场需要对现有产品进行功能上的扩展和技术上的改进。全新产品创新的动力机制既有技术推进型,也有需求拉引型。改进产品创新的动力机制一般是需求拉引型。

在产品创新的具体现实中主要有自主创新、合作创新两种方式。自主创新是指企业或个人通过自身的努力和探索产生技术突破,攻破技术难关,达到预期的目标;合作创新是指企业间或企业、科研机构、高等学院之间的联合创新行为。当今全球性的技术竞争不断加剧,企业技术创新活动中面对的技术问题越来越复杂,技术的综合性和集群性越来越强,即使是技术实力雄厚的大企业也会面临技术资源短缺的问题,单个企业依靠自身能力取得技术进展越来越困难。合作创新通过外部资源内部化,实现资源共享和优势互补,有助于攻克技术难关、缩短创新时间、增强企业的竞争力。企业可以根据自身的经济实力、技术实力选择适合的产品创新方式。

(二)工艺创新

工艺创新包括新工艺、新设备及新的管理和组织方法,是指企业采取某种方式对新产品及新服务进行生产、传输,是对产品的加工过程、工艺路线及设备所进行的创新。例如新型洗衣机和抗癌新药的生产过程中生产工艺及生产设备的调整,银行数据信息处理系统的相关使用程序及处理程序的调整等。工艺创新和产品创新都是为了提高企业的社会经济效益,但二者途径不同,方式也不一样。产品创新侧重活动的结果,而工艺创新侧重活动的过程;产品创新的成果主要体现在物质形态的产品上,而工艺创新的成果既可以渗透于劳动者、劳动资料和劳动对象之中,也可以渗透在各种生产力要素的结合方式上;产品创新的生产者主要是为用户提供新产品,而工艺创新的生产者也是创新的使用者。

当然,产品创新和工艺创新的划分并不是绝对的,有时二者之间的边界并不明显。例如一台新型的太阳能动力轿车既是产品创新的结果,也是工艺创新的结果。尤其值得注意的是,在服务领域,产品创新和工艺创新通常交织在一起。

在新的市场竞争中,企业面临着不断提高效率、质量和灵活性的要求。企业如果能够生产出别的企业生产不出的产品或者能够以一种更为经济有效的方式组织生产,同样能够建立竞争优势。企业利用外部技术和快速进入新产品市场的巨大优势源自企业对新产品和新服务进行生产和传输的能力,即企业进行工艺创新的能力。创新型企业就是在其所涉及的领域内持续不断地寻求新的突破,从而降低成本、提高质量、增强灵活性,最终将价格、质量和性能各方面都很突出的产品提供给市场。

(三)服务创新

服务创新就是使潜在用户感受到不同于从前的崭新内容。服务创新为用户提供以前没能实现的新颖服务,这种服务在以前由于技术等限制因素不能提供,现在因突破了限制而能提供。

服务创新是企业为了提高服务质量和创造新的市场价值而进行的服务要素变化,对服务系统进行有目的、有组织地改变的动态过程。服务创新的理论研究源自技术创新,二者之间有着紧密的联系。但是由于服务业的独特性,使服务业的创新与制造业的技术创新有所区别,并有它独特的创新战略。

服务创新可以分为五种类型:服务产品创新、服务流程创新、服务管理创新、服务技术创新、服务模式创新。

1. 服务产品创新

服务产品创新是指服务内容或者服务产品的变革,创新的重点是产品的设计和生产能力。例如自行车车座的组件可以添加灌有凝胶的材料从而增强减震效果,而并不需要对自行车的其余结构进行改变。

2. 服务流程创新

服务流程创新是指服务产品生产过程的创新和交付流程的创新。包含生产过程创新与交付过程创新两方面。生产过程创新,即后台创新;交付过程创新,即前台创新。

3. 服务管理创新

服务管理创新是指服务组织形式或服务管理的新模式。例如服务企业引入全面质量管理。

4.服务技术创新

服务技术创新是指支撑所提供服务的技术手段方面的创新。例如电影院推出的网上自助订票选座服务。

5.服务模式创新

服务模式创新是指服务企业所提供的服务在商业模式方面的创新。例如有初创公司针对传统的洗车店洗车、去推拿店推拿而推出的上门洗车服务、上门推拿服务等。

以上五种服务创新都应以用户的服务体验为核心。

(四)渐进性创新

渐进性创新是指在原有的技术轨迹下,对产品或工艺流程等进行的程度较小的改进和提升。

一般认为,渐进性创新对现有产品的改变相对较小,能充分发挥已有技术的潜能,并经常能强化现有的成熟型公司的优势,特别是强化已有企业的组织能力,对公司的技术能力、规模等要求较低。

例如在腾讯,渐进性创新的案例数不胜数,维持快速迭代的渐进性创新是腾讯产品持续成功的重要因素之一。从第一个版本到现在,腾讯发布了数以百计个版本的 QQ,其中当然有大的重构和功能的革新,但更多的是遍布在小版本中的渐进性创新。

但是,渐进性创新只能维持企业现有产品的竞争能力,当市场出现携突破性创新成果进行竞争的企业对手时,现有的成熟型公司就可能丧失其市场领先地位。历史上,晶体管的出现几乎击溃了所有的电子管生产企业,而当时电子管生产企业正孜孜不倦地致力于渐进性创新。这说明,渐进性创新可以保持优势,但是很容易被突破性创新的漩涡吞噬。

(五)突破性创新

突破性创新是导致产品性能主要指标发生巨大跃迁,并且对市场规则、竞争态势、产业版图具有决定性影响,甚至导致产业重新洗牌的一类创新。

这类创新需要全新的概念与重大的技术突破,往往需要优秀的科学家或工程师花费大量的时间来实现,可能历时 8～10 年或更长的时间。这些创新常伴有一系列的产品创新与工艺创新及企业组织创新,甚至导致产业结构的变革。很难用增加多少收入衡量什么是突破性创新,因为这还取决于公司的规模和耗费的成本。因此,突破性创新只能是所谓的"突破",但如果给突破性创新下个定义,也只能用它自身来界定。如果通过流程改进,显著降低成本或显著提高产量,那么这样的流程改进也可以说是一种突破。

四、创新的方法

(一)奥斯本检核表法

1.奥斯本检核表法的内涵和内容

奥斯本检核表法又被称为分项检查法,是以提问的方式,根据创新或解决问题的需要,列出有关问题,形成检核表,然后逐个对问题进行核对讨论,从而发掘出解决问题的大量设想的一种方法。

奥斯本检核表法主要是引导主体在创新过程中对照九个方面的问题进行思考,即能否他用、能否借用、能否改变、能否扩大、能否缩小、能否代用、能否调整、能否颠倒、能否组合,以启迪思路,开拓思维想象的空间,促进人们产生新设想和新方案。这九个问题能够刺激我们进行多方面的联想,对既有的事物或发明进行改进和完善。

(1)能否他用。枪作为武器,在发展过程中已经出现了很多种类,如手枪、步枪、机枪、冲锋枪等。有人利用枪的发射原理,将之稍加改进用于生活中,给人们带来了极大的方便。比如加拿大研发的种树枪,把种子和土壤装进塑料子弹里,每天可植树 2000 棵,既提高了种植效率,也提高了成活率;用来给凶猛的动物注射药物的注射枪,减少了兽医的意外伤害;建筑上使用的射钉枪,可以高效、准确地向墙面和木板钉钉;等等。

(2)能否改变。洋娃娃是每个女孩童年必备的朋友,但随着女孩年龄的增长,其一般就会渐渐被忽略。中国香港设计了一种拟人化的椰菜娃娃,它不同于传统娃娃千篇一律的脸庞和造型,每个娃娃都各有特色,而且拥有一个电脑随机赋予的名字,臀部上印有"出生日期"(注意:不是生产日期或者出厂日期),有"出生证明"。更有意思的是,椰菜娃娃只能"认养",不能买;一周岁时还会收到厂家寄发的生日卡。椰菜娃娃一经推出便大受欢迎。虽然价格不菲,但并没有阻挡人们的热情,排队"认养"椰菜娃娃一度成为中国香港人的时尚。

(3)能否缩小。人们可能都有这样的经验:同样的东西,小巧精致的更容易让人心动,而且功能一样的情况下,微型的物品也的确更为方便。比如笔记本电脑、蓝牙耳机、可以安装在手表或者戒指上的微型摄像头,还有折叠自行车等。法国曾经研制过一种小型摩托车,只有 25 千克重,时速却可达 80 千米。

(4)能否调整。历史上著名的田忌赛马的故事就是重新调整了三匹马参加比赛的顺序,最后胜券稳操。现代有位策划师也借鉴了这种创新思路。某地一个文化馆扩建时涉及 100 户搬迁户,上级部门计划拨款 1400 万元作为居民安置费。当时若在城区买一套住房需要 20 万元,这样就是 2000 万元。那么差的 600 万元从哪儿来呢?他提出让大家到郊区去买房。每套只要 3 万~4 万元。但是住户不同意,原因是太远、不方便。他又提出给每家买一辆小面包车,大家欣然同意。事实上,每辆小面包车只需 4 万元,这样,每家加上房子只需要 8 万元。所有住户加起来一共只需 800 万元。他又进一步给大家提出了一个建议:把面包车集中起来成立一个出租车队,既能接送住户上下班,同时还能租车挣钱。就这样,思路的改变扭转了整个局面。

2.奥斯本检核表法的实施步骤

奥斯本创造的检核表法中涉及的九个问题,就好像有九个人从九个角度帮助你思考。这体现了检核表法的突出特点:多向思维,即用多条提示引导你去发散思考。你可以把九个思考点都试一试,也可以从中挑选一两条集中精力深度思考。奥斯本检核表法具体实施步骤如下:

(1)根据创新对象明确需要解决的问题。

(2)参照奥斯本检核表法列出的九个问题,运用丰富的想象力,强制性地逐个核对讨论,写出尽可能多的新设想。

(3)对提出的新设想进行筛选,将最有价值和创新性的设想筛选出来,根据实际需要,提出改进方案。

(二)头脑风暴法

1.头脑风暴法的内涵

头脑风暴法又称智力激励法、BS法,是一种激发创造性思维的方法。头脑风暴法是通过小型会议的组织形式,让所有与会者在自由愉快、畅所欲言的气氛中,自由交换想法或点子,并以此激发其创意及灵感,使各种设想在相互碰撞中激起脑海的创造性"风暴",从而产生解决问题的方法。它适合于解决那些比较简单、确定的问题,如研究产品名称、广告口号、销售方法和产品的多样化等,以及需要大量构思、创意的行业,如广告业。我国俗话所说的"三个臭皮匠,顶个诸葛亮",其实与其有异曲同工之妙。

头脑风暴法利用基本心理机理改变了群体决策中容易形成的群体思维,最大限度地保证了个人思维的自由发挥,让与会者受到他人的热情感染,从而激起一系列联想反应,为创造性的发挥提供了条件。头脑风暴法的作用主要有四点:一是引起与会者的联想反应,刺激新观念的产生;二是激发人的热情,促进与会者突破旧观念的束缚,最大限度地发挥创新思维能力;三是促使与会者产生竞争意识,力求提出独到的见解;四是让与会者的自由欲望得到满足。

2.头脑风暴法的分类

头脑风暴法一经提出便在世界各国引起强烈反响,后经创造学研究者的实践和发展,最终形成了一个相对完善的发明技法群:如三菱式智力激励法、默写式智力激励法、卡片式智力激励法等。

(1)三菱式智力激励法由日本三菱树脂公司在头脑风暴法的基础上改进而成,它的优点是修正了奥斯本智力激励法严禁批评的原则,有利于对设想进行评价和集中。

(2)默写式智力激励法是无参照扩散法的一种,其特点是用书面阐述来激励智力。具体做法是：每次有 6 人同时参加会议，每人在 5 分钟之内用书面的形式提出 3 个设想，因此，又被称为 635 法。会议开始时，由主持人宣布会议议题，允许与会者提出质疑并进行解释，然后给每人发 3 张卡片。第一个 5 分钟内，每人针对议题在卡片上填写 3 个设想，然后将卡片传给右邻的与会者。第二个 5 分钟内，每人从别人的 3 个设想中得到新的启发，再在卡片上填写 3 个新的设想，然后将设想的卡片再传给右邻的与会者。这样，卡片在半小时内可传递 6 次，一共可产生 108 个设想。635 法可避免因许多人争相发言而使设想遗漏的弊病，其不足是相互激励的气氛没有公开发言方式热烈。

(3)卡片式智力激励法又被称为卡片法，包括 CBS 法和 NBS 法两种。

3.头脑风暴法的实施流程

(1)准备阶段。这个阶段主要是为会议做好各个方面的充分准备，包括：确定会议主题；选好主持人和参与人员；确定会议时间、地点；设定评价设想；将会议通知和相关材料发给所有参与人员。这些工作准备妥善以后，找一个时间对与会者进行适当的训练，使其跳出常规的思维模式，适应自由思考、自由发言的方式。会前可进行柔化训练，即对缺乏创新的锻炼者进行打破常规思考、转变思维角度的训练活动，以减少思维惯性，从单调、紧张的工作环境中解放出来，以饱满的创造热情投入激励设想活动。

(2)热身阶段。这个阶段的目的是创造一种自由、宽松、祥和的氛围，使大家放松，进入一种无拘无束的状态。主持人宣布开会后，先说明会议的规则，然后随便谈点有趣的话题或问题，让大家的思维处于轻松和活跃的状态。

(3)导入阶段。主持人简明扼要地介绍有待解决的问题。介绍时需简洁、明确，不可过分周全，否则会限制人的思维，干扰创新的想象力。

(4)畅谈阶段。畅谈是头脑风暴法的创意阶段。为了使大家畅所欲言，需要明确以下规则：第一，不要私下交谈，以免分散注意力；第二，不妨碍及评论他人发言，每人只谈自己的想法；第三，发表见解时要简单明了，一次发言只谈一种见解。主持人首先要向大家宣布这些规则；其次引导大家自由发言、自由想象、自由发挥,使彼此相互启发、相互补充,真正做到知无不言、言无不尽、畅所欲言;最后将会议发言记录进行整理。

(5)整理阶段。会议过程中提出的问题多数都未经斟酌,加工后才能产生实质性的作用。

这一阶段首先是增加设想。会议结束后的一两天内,由专门人员对与会人员进行追踪,询问其会后新的设想,因为经过一段时间的沉淀,可能会产生更有价值的设想,又或者可能将原来的设想进一步完善了。

其次是评价和发展。这是两个互相联系的方面,即根据一些既定的标准进行筛选判断和综合改善。标准应该根据具体问题拟定,可以包括设想的可行性、成本、可能产生的效果等。专家小组人员可以是提出设想的与会人员,但最好是问题的负责人,人数最好是 5 人。会上将大家的想法整理成若干方案,再根据标准,诸如可识别性、创新性、可实施性等进行筛选。经过反复比较和优中择优,最后确定 1～3 个最佳方案。这些最佳方案往往是多种创意的优势组合,是大家集体智慧综合作用的结果。

(三)分析列举法

1. 分析列举法的含义

分析列举法是指运用发散性思维,将研究对象的本质内容(如特性、缺点、希望点)一一列举出来,尽可能地做到全面无遗,然后逐一对其进行分析研究,从中探求出各种创新方案的方法。这种方法有利于人们克服对熟悉事物的思维惯性,重新审视并深入考察以获得事物的新属性,在原有的基础上提出改进意见和建议,从而进行创新。

2. 分析列举法的种类

根据研究对象不同,分析列举法可分为特性列举法、缺点列举法、希望点列举法、成对列举法和综合列举法,下面逐一介绍。

(1)特性列举法。特性列举法就是通过对需要改进的对象进行观察分析,列举出它的所有特性,并对特性分别予以研究,从而提出改进完善方案的方法。特性列举法犹如把一架机器分解成一个个零件,将每个零件的功能、特点、与整体的关系都列举出来排成表。把问题区分得越小,越容易得出创造性设想。例如你想对自行车提出改进设想,最好是根据自行车的特性,把它分解成若干部分,对每一部分(如车身、车胎、辐条、轴承、钢圈、齿轮、刹车、把手等)分别予以研究,进而提出新设想,这样效果会比较好。

列举改进对象的词语主要用名词、形容词和动词。在实际做特性分析时,如果觉得按名词、形容词、动词特性进行列举不易区分,而且影响创新思考,也可按数量特性、物理特性、化学特性、结构特性、形态特性、经济特性等进行列举。

名词特性(用名词来表达的特性):整体、部分、材料、制造方法等。

形容词特性(用形容词来表达的特性):形状、颜色、大小等。

动词特性(用动词来表达的特性):效用、主要功能、辅助功能、附属功能及其在使用时新涉及的重要动作等。

数量特性:使用寿命、保质期、耗电量等。

物理特性:软、硬、导电、轻、重等。

化学特性:易氧化、耐酸度、耐碱度等。

结构特性:固定结构、可变可拆结构、混合结构等。

形态特性:色、香、味、形等。

经济特性:生产成本、销售价格、使用成本等。

特性列举法的具体操作步骤如下:

第一,选择一个目标比较明确的分析对象,宜小不宜大。如果是一个比较大的分析对象,最好把它分成若干个小对象。

第二,从名词特性、形容词特性和动词特性三个方面对对象的特性进行列举。分析对象的特性越详细越好,并且要尽量从各个角度提出问题。

第三,分析各个特性,通过提问,激发出新的创造性设想和方案。分析各个特性时,可采用智力激励法来激发创意。在上述列举的特性下尽量尝试各种可替代的属性进行置换,以产生新的设想和方案。

第四,提出新的方案并进行讨论、检核、评价,挑选出行之有效的设想再结合实际需要对对象进行改进。

（2）缺点列举法。任何一个产品都不可能是十全十美的，都或多或少会存在一些缺点。但是人都有习惯和惰性，对于习惯了的产品，往往不容易也不愿意去研究它的缺点。众所周知，任何发明和创造都是从发现问题开始的。而缺点列举法正是从发现问题，即发现产品的缺点入手，然后利用各种技术加以改进，从而创造出新的产品。缺点列举法就是直接从社会需要的功能、审美、经济等角度出发，对一个事物吹毛求疵，根据实际需要故意查找缺点，并研究事物的缺点，然后进行有针对性的改进，进而创造出新的产品。缺点列举法通常围绕旧有事物的缺点进行改进和完善，并不改变事物的整体和本质，属于被动型创造技法。它同时可应用于旧产品的改进、不成熟产品的完善和企业的经营管理方面等，是一种非常重要且易于掌握的创新方法。

缺点列举法的具体操作步骤如下：

第一，列举缺点阶段。通过会议、访谈、电话调查、问卷调查、对照比较等方式，广泛调查和征集意见，尽可能多地列举事物的缺点。

第二，探讨改进方案阶段。对收集到的缺点进行归类和整理，并对每类缺点进行分析，在此基础上提出改进方案。

例如对大家曾经穿过的各种雨衣进行缺点列举。从雨衣的材质来看，塑料材质的雨衣在零度以下容易变硬、变脆，易折损；胶布材质的雨衣比较耐用，但是闷热不透气。从雨衣的功能来看，雨衣的下摆一般都是与身体垂直的，雨水容易弄湿裤子和鞋子；遇到风雨较大的时候，脸容易被淋湿，且视线容易被挡住，不安全；骑车的时候穿雨衣也不方便。从雨衣的设计样式来看，雨衣的设计和颜色一般都比较单调，缺少个性。然后针对这些缺点一一提出改进方案。比如能同时解决不耐用和闷热问题的新材质；下摆设计成百褶裙的样式以免弄湿裤腿和鞋子；在雨衣的帽子上增加防雨眼镜或者眼罩，保证使用者的视线不被挡住；像普通的衣服一样，设计出适合男、女、老、幼的不同样式，增加雨衣的装饰性和时尚性等。

（3）希望点列举法。希望点就是指创造性强且科学、可行的希望。希望点列举法是指通过列举希望新的事物具有的属性以寻找新的发明目标的一种创新方法。与缺点列举法的被动型创造不同,希望点列举法不受旧有事物的束缚,是从创造者的主观意愿出发不断地提出希望,进而探求解决问题的对策。因此,希望点列举法常用于新产品的开发。

希望点列举法的具体操作步骤如下:

第一,通过会议、访谈、问卷等方式,激发和收集人们的希望。

第二,对大家提出的各种希望进行整理和研究,形成各种希望点。

第三,在各种希望点中选出目前可能实现的希望点进行研究,制订革新方案,创造新产品以满足人们的希望。

(4)成对列举法。成对列举法是指任意选择两个事项并结合起来成对列举其特性,或者在一定范围内列举事物的特性,然后成对进行组合,寻求其中的创新性设想。成对列举法较适用于人们想要进行创新活动,但又没有合适的题目时。成对列举法既有特性列举法全面、详细的特点,又吸取了强制联想易于破除框架产生新奇想法的优点,是一种不仅启发思想而且巧妙地使用了思维技巧的创新方法。

成对列举法的具体操作步骤如下:

第一,列举一定范围之内与主题相关的所有事项,尽量全面、详细。

第二,不考虑组合可能产生的异议的条件下,随意选择其中的两项进行强制组合。

第三,对所有产生的组合进行可行性分析和筛选。

第四,选择几种可行性最高的组合研究其实施方案,结合人们的实际需求进行生产,创造出产品。

(5)综合列举法。综合列举法是在特性列举法、缺点列举法、希望点列举法及成对列举法的基础上,开展综合性的扩散列举的一种创新方法。

特性列举法、缺点列举法、希望点列举法和成对列举法都只偏重从某一方面来开展创新思维,因而在一定程度上会给创新者带来束缚。从根本上讲,创新应该是没有任何限制的。综合列举法没有任何框框,创新者可以跳出上述列举法的束缚,以任意思路开展扩散思维,最大限度地把列举法应用得更全面、更活跃。

综合列举法是针对所确定的研究对象,从属性、缺点、希望点或其他任意创新思路出发,列举出尽可能多的思路方向,对每一思路方向运用充分的发散思维,最后进行分析筛选,寻找最佳的创新思路的创新方法。

综合列举法的具体操作步骤如下:

第一,明确所要研究的问题或对象。

第二,应用特性列举法对研究对象进行分析,列出各项特性。

第三,应用缺点列举法和希望点列举法对研究对象的特性进行逐项分析。

第四,综合分析提出的创新方案。

(四)组合创新法

1.组合创新法的内涵

创新通常可以分为两种:一种是突破性创新;另一种就是组合创新。

组合创新法是指按照一定的技术原理,通过重组合并两个或者多个功能元素,开发出具有全新功能的新材料、新工艺、新产品的创新方法。这种创新方法不同于突破性创新中完全采用新技术、新原理的方法,是对已有发明的再开发利用。组合创新法既利用了原有成熟的技术,又节省了时间和成本,同时也更容易被大众接受和推广。可见,组合创新法注重的是灵活性,需要的不是质的改变,而是通过不断组合,以不变应万变,推陈出新、出奇制胜。

2.组合创新法的类型

要想两物组合之后成为受人欢迎的新事物,在进行组合思考的时候,就不能拘泥于某一方面、局限于某一事物,应从多方面、多层次、多种事物中寻找组合物。从近些年来的重大创新成果中我们可以发现,在技术创新的性质和方式中,突破性成果的比例开始明显降低,而组合型创新上升为主要方式。据统计,在现代技术开发中,组合型成果已占全部发明成果的百分之六七十。

组合创新法的种类很多,大致可归纳为以下七种类型:

(1)材料组合。材料组合是指把不同的材料进行组合,其目的是尽量避免各种材料本身的缺点,而通过优化组合实现其功能的最大化。例如最初使用的电缆都是纯铜芯,虽然导电性能很好,但是铜本身质地比较软,后来经过改进,以铁作为内芯,开发出内铁外铜的组合材料。目前,远距离的电缆采用的都是这种材料,既充分发挥了铜的良好导电性能,又利用了铁质地硬、不易下垂的优点,同时还大大降低了成本。

(2)功能组合。功能组合是指把用途、功能各不相同的物品组合成一个同时具有多种用途和功能的新产品。例如具有按摩功能的梳子就是组合了普通梳子和微型按摩器的功能;按摩型洗脚盆也是在传统洗脚盆的基础上"嫁接"了按摩器的功能。

(3)意义组合。意义组合是指通过组合赋予新物品以新的意义,目的并不在于改变其功能。例如一个普通的葫芦随处可见,但是印上某景点的名字和标志就具有纪念价值;一件普通的 T 恤衫印上一个团体的名字和标志便具有了代表性。

(4)原理组合。原理组合是指把具有相同原理的两种或多种物品组合成一种新产品。例如传统的衣橱太浪费空间,而且衣服存放和拿取都不太方便,于是有人把不同的衣架组合在衣橱里,这样,不同种类的衣服便可以分别存放,既方便,又节省空间。

(5)成分组合。成分组合是指把成分不同的物品进行组合产生一种新产品。例如当下非常流行的各种饮品茶、色彩缤纷的鸡尾酒等。

(6)构造组合。构造组合是指把不同结构的物品进行组合,使其产生新功能。这种组合方式典型的代表是房车,它同时解决了外出交通和住宿两大问题,因此,自诞生之日起便广受欢迎。

(7)聚焦组合。聚焦组合是指以解决特定的问题为目标,广泛寻找与解决问题有关的信息,聚焦于问题,形成各种可能的组合,以实现解决问题的目标。

第二节　创业概述

一、创业的内涵

创业,在《新华词典》里被定义为"开创事业"。后引申为所从事的学业、事业、职业、行业、产业、工作等。由此可见,创业是创字当头,业为基础。这就意味着任何一项事业都是一个从无到有、由小到大、由简到繁、由旧到新的创造过程。

创业被学者们从不同的方面进行定义。

创业是新颖的、创新的、灵活的、有活力的、有创造性的及能承担风险的过程。许多学者说,发现并把握机遇是创业的一个重要部分。

创业是包括创造价值、创建并经营一家新的营利性企业的过程,通过个人或群体投资组建公司,提供新产品或服务,以及有意识地创造价值的过程。

创业是创造不同的价值的过程,这种价值的创造需要投入必要的时间和付出一定的努力,承担相应的金融、心理和社会风险,并能在金钱和个人成就感方面得到回报。

综合来说,创业是指某个人发现某种信息、资源、机会或掌握某种技术,利用或借用相应的平台或载体,将其发现的信息、资源、机会或掌握的技术以一定的方式转化、创造出更多的财富、价值,并实现某种追求或目标的过程。

从性质来看,创业可以是学业、事业、产业等;从类别来看,包括各行各业、各种职业和岗位;从范围来看,有个人的小业,集体的中业,国家、社会的大业;从动机层次看,可以是自发创业、自主创业等;从过程来看,创业会经过起始阶段、中间阶段和成就阶段。

二、创业的要素与类型

(一)创业的要素

1.创业者

创业者是创业过程中处于核心地位的个人或团队,是创业的主体,起关键作用,包括识别商业机会、创建企业组织、融资、开发新产品等。创业者的素质和能力是创业成功的第一要素。

2.商业机会

商业机会是创业过程中的核心,创业者从发现和识别商业机会开始创业。

3.技术

技术是一定产品或服务的重要基础,是企业的核心竞争力。

4.资金

要想创业,除了具备创业家的素质和选择合适的项目外,还需要具有一定的资金,否则,创业只是空谈。

5.人力资本

人力资本是创业的重要资源投入。创业成功的关键在于创业者的识人、用人、留人能力。

6.组织

组织是协调创业活动的系统,是创业的载体,也是资源整合的平台。

7.产品服务

产品服务是创业者为社会创造的价值,它既是创业者成功的必要条件,也是创业资源相互作用、相互配置,以创造产品和服务的动态过程。

(二)创业的类型

按照不同的标准,可将创业分成不同的类型。了解创业类型是为了在创业决策中进行比较,以选择最适合自己的创业类型。我们可以从动机、渠道、主体、项目、风险和周期六个不同的角度对创业进行分类。

1.根据创业动机,创业大致可分为机会型创业与就业型创业

(1)机会型创业。机会型创业的出发点并非谋生,而是抓住、利用市场机遇。它以新市场、大市场为目标,因此,能创造出新的需要,或满足潜在的需求。机会型创业会带动新的产业发展,而不是加剧市场竞争。

(2)就业型创业。就业型创业的目的在于谋生,为了谋生而自觉地或被迫地走上创业之路。这类创业大多属于尾随型和模仿型,规模较小,项目多集中在服务业,并没有创造新需求,而是在现有的市场上寻找创业机会。由于创业动机仅仅是谋生,往往小富即安,极难做大做强。

机会型创业和就业型创业与主观选择相关,但并非完全由主观选择决定。创业者所处的环境及所具备的能力对创业动机类型的选择有决定性作用。因此,创造良好的创业环境,通过教育和培训来提高人的创业能力,就会增加机会型创业的数量,促进经济发展和生活改善,减少企业之间的低水平竞争。

2.根据新企业建立的渠道,创业大致可分为自主型创业和企业内创业

(1)自主型创业。自主型创业是指创业者个人或团队白手起家进行创业。自主型创业充满挑战和刺激,个人的想象力、创造力可得到最大限度发挥,不必再受到人际关系等的制约;有一个新的舞台可供表现和实现自我;可多方面接触社会、各种类型的人和事,摆脱日复一日、单调乏味的重复性劳动;可以在短时期内积累财富,奠定人生的物质基础,为攀登新的人生巅峰做准备。

然而,自主型创业的风险和难度也很大,创业者往往缺乏足够的资源、经验和支持。我们通过对许多案例进行分析发现,自主型创业失败的原因主要表现在这两个方面:其一,创业者对自己所提供的产品或服务及进入的领域缺乏了解,准备不足,质量不稳,导致在竞争中失败;其二,创业者被突如其来的成功冲昏了头脑,变得过于自信,甚至刚愎自用,把偶然性当成了必然性,继而进行盲目的、脱离实际的战略决策,使企业迅速扩张,导致管理失控,产品和服务质量下降,出现信用危机,使企业陷入破产的危险中。

自主型创业有许多种方式,大体上可以归纳为以下三种:

第一种,创新型创业。创新型创业是指创业者通过提供有创造性的产品或服务,填补市场需求的空白。

第二种,从属型创业。从属型创业大致有两种情况:一是创办小型企业,与大型企业进行协作,在企业整个价值链中做一个环节或者承揽大企业的外包业务。这种方式能降低交易成本,减少单打独斗的风险,提升市场竞争力,且有助于形成产业的整体竞争优势。二是加盟连锁、特许经营,利用品牌优势和成熟的经营管理模式,减少经营风险。

第三种,模仿型创业。根据自身条件,选择一个合适的地点和进入壁垒低的行业,学别人开办企业。这类企业投入少,并无创新,需要在市场上拾遗补阙,但逐步积累也有机会跻身于强者行列,创立自己的品牌。

(2)企业内创业。企业内创业是进入成熟期的企业为了获得持续的

增长和长久的竞争优势,为了倡导创新并使其研发成果商品化,通过授权和资源保障等方式进行企业内的第二次、第三次乃至连续不断地创业。每一种产品都有生命周期,一个企业在不断变化的环境中,只有不断创新,不断将创新的成果推向市场,不断推出新的产品和服务,才能跳出产品生命周期的怪圈,不断延伸企业的生命周期。成熟企业的增长同样需要创业的理念、文化,需要企业内部的创业者利用和整合企业内部资源创业。

企业内创业是动态的,正是通过二次创业、三次创业乃至连续不断地创业,企业的生命周期才能不断地在循环中延伸。

3. 根据创业主体,创业大致可分为大学生创业、失业者创业和兼职者创业

(1)大学生创业。大学生毕业后自主创业,可独立创业,也可合伙创业;可从事所学的专业,也可从事非所学的专业,这在今天已较普遍。有些大学生自主创业的目的并非以挣钱为主,而是不愿替人打工,受制于人,他们想干自己想干的事,实现自我人生价值。

独立创业是指创业者独立创办自己的企业。如今,个人独立创业也成为一种很平常的现象。独创企业的特点在于产权是创业者个人独有的,相对独立,而且产权清晰,企业利润归创业者独有。企业由创业者自由掌控,创业者按自己的思路来经营和发展自己的企业,无须迎合其他持股者的利益要求,也可规避其他合作者对企业经营的干扰。但是,独创企业需要创业者面临独自承担风险、财务压力大和个人才能有限等问题。

合伙创业是指与他人共同创办企业。与独创企业相比,合伙创业有这三个优势:一是共担风险;二是融资难问题得到缓解;三是有利于优势互补,形成一定的团队优势。合伙创业的不利因素:一是易产生利益冲突;二是如果出现中途退场者,对企业的经营有很大影响;三是企业内部管理交易费用较高;四是合伙人对企业发展目标可能有分歧。

(2)失业者创业。不少失业者通过自身努力,成了创业的佼佼者。这类创业大多选择投资少、回报快、风险低的行业。比如北京等地的月嫂服务公司就是失业工人开创的,市场非常大,十分适合有生活经验的中年妇女。

(3)兼职者创业。如大学教授中有一部分就是兼职创业者,尤其是搞艺术专业的,自己建立公司,对外招揽生意;也有一些研究生、博士生在读书期间就参与导师名下的各种项目。

4.根据创业项目,创业大致可分为传统技能型创业、高新技术型创业和知识服务型创业

(1)传统技能型创业。选择传统技能项目创业将具有永恒的生命力,因为使用传统技术、工艺的创业项目,如独特的技艺或配方都会拥有市场优势。如酿酒业、饮料业、中药业、工艺美术品业、服装与食品加工业、修理业等与人们日常生活紧密相关的行业表现出了经久不衰的竞争力,许多现代技术都无法与之竞争。不仅我国如此,外国也如此,有不少传统的手工生产方式在发达国家传承至今。

(2)高新技术型创业。高新技术项目就是人们常说的知识经济项目、高科技项目,这些项目知识密集度高,带有前沿性、研究开发性质。我国高新技术可以分为十一类:微电子科学和电子信息技术、空间科学和航空航天技术、光电科学和光机电一体化技术、生命科学和生物工程技术、材料科学和新材料技术、能源科学和新能源高效节能技术、生态科学和环境保护技术、地球科学和海洋工程技术、医药科学和生物医学工程技术、基本物质科学和辐射技术及其他在传统产业改造中应用的新工艺、新技术。

(3)知识服务型创业。当今社会,信息量越来越大,知识更新越来越快。为了满足人们节省精力、提高效率的需求,各类知识型咨询服务的机构会不断细化和增加,如律师事务所、会计师事务所、管理咨询公司、广告公司等。知识服务型项目是一种投资少、见效快的创业选择。如有人创办剪报公司,专门为企业剪报,把每天主要媒体上与该企业有关的信息全部收集、复印、装订起来,有的年收入高达100万元,且市场十分稳定。

5.根据创业风险,创业大致可分为依附型创业、尾随型创业、独创型创业和对抗型创业

(1)依附型创业。依附型创业可分为两种情况:一是依附大企业或产业链而生存,在产业链中确定自己的角色,为大企业提供配套服务,如专门为某个或某类企业生产零配件,或生产、印刷包装材料;二是特许经营权的使用,如麦当劳、肯德基利用品牌效应和成熟的经营管理模式,减少经营风险。

(2)尾随型创业。尾随型创业即模仿他人创业,所开办的企业和经营项目均无新意,行业内已经有许多同类企业,新创企业尾随他人之后。尾随的第一个特点是短期内不求超过他人,只求能维持下去,随着学习的成熟,再逐步进入强者行列;第二个特点是在市场上拾遗补阙,不求独家承揽全部业务,只求在市场上分得一杯羹。

(3)独创型创业。独创型创业可表现在诸多方面,归结起来,集中在两个层面:一是填补市场需求内容的空白;二是填补市场需求形式的空白。前者是经营项目具有独创性,独此一家,别无分店。大到商品独创性,小到商品某种技术的独创性。如生产的洗衣粉比市场上卖的环保性好且去污力强,这就属于商品的某种技术的独创性。独创性也可以表现为一种服务,如搬家服务在过去是没有的,改革开放后,搬家服务已形成市场,谁先成立搬家公司,谁的创业就具备独创性。当然,独创型创业有一定的风险,因为消费者对新事物有一个接受的过程。独创型创业也可以是旧内容新形式,比如产品销售送货上门,经营的商品并无变化,但在服务方式上扩大了,从而更具竞争力。

(4)对抗型创业。对抗型创业是指进入其他企业已形成垄断地位的某个市场,与之对抗较量。这类创业必须在知己知彼、科学决策的前提下,快速把自己的优势发挥到淋漓尽致,抓住市场机遇,乘势而上,避开市场风险,减少风险损失。希望集团就是对抗型创业的成功典型。20世纪90年代初,面对外国饲料厂商进入中国市场,大量倾销合成饲料的情况,希望集团建立了西南最大的饲料研究所,一起步就定位于与外国饲料争市场。

6. 根据创业周期,创业大致可分为初始创业、二次创业与连续创业

(1)初始创业。初始创业是一个从无到有的过程。创业者经过市场调查,分析自己的优势与劣势、外部环境的机遇与风险,权衡利弊,确定自己的创业类型,履行必要的法律手续,招聘员工,建立组织,设计管理模式,投入资本,营销产品或服务,不断扩大市场,由亏损到盈利的过程就是初始创业。同时,初始创业也是一个学习过程,创业者往往边干边学。在初始创业阶段企业的死亡率较高,风险来自多方面。总之,创业者要承受更大的心理压力和经济压力。所以,初始创业要尽量缩短学习过程,善用忠实之人,减少失误,坚持到底。

(2)二次创业。传统的观念认为,新建企业为创业,老企业只存在守业问题,不存在创业问题。在当代社会,特别是进入知识经济时代,也是守不住的,纵然是存在银行里的钱,也可能贬值或遭受金融危机的影响。所以,创业是个动态的过程,伴随着企业全部的生命周期。企业的生命周期分为投入期、成长期、成熟期和衰退期四个阶段。创业者表现最明显的是在投入期和成熟期,没有投入期,就没有创业;如果成熟期不再次创业,企业就会死亡。成熟期再创业的,就是二次创业。它对企业的生存和发展有着举足轻重的作用。

二次创业的目的是使企业不要进入衰退期,恒久地保持成长期和成熟期的良好状态,彰显出长久的竞争优势。想要保持这样的竞争优势要靠新技术、新产品和新服务。在企业成长期结束、成熟期开始时,就要进行二次创业,就要投入新产品(包括新技术和新服务)。老产品处于成熟期、新产品处于投入期,老产品进入衰退期、新产品进入成长期,这样才能保证企业生命不衰。

(3)连续创业。创业其实是沿着一条哲学法则运行的。创业有生命周期的四个阶段,这四个阶段是由生到死的阶段。如何使其不死?唯一的办法是嫁接生命,把企业生命由原来所系的产品(或服务、技术)嫁接到另一种新产品(或新服务、新技术)的生命中,但这也是有限的,就需要三次创业、三次嫁接。进入第三次创业的企业往往有了较大的实力和规模,抗风险能力比较强,而且经过三次创业的企业,不少走向了分权化、集团化,企业在市场上实现"东方不亮西方亮",达到"三生万物"的境界。

三、创业过程与阶段划分

(一)创业过程模型分析

创业过程一般有两个模型,分别为蒂蒙斯模型和威克姆模型。

1.蒂蒙斯模型

蒂蒙斯创业过程模型如图1—1所示。该模型包括以下含义:

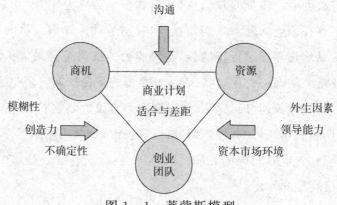

图1—1　蒂蒙斯模型

(1)创业过程是由机会驱动、团队领导和资源保证组成的。创业过程始于机会,而不是钱、战略、网络、团队或商业计划。从一开始,真正的机会要比团队的才干和能力或适宜的资源重要。创业团队的作用就是利用创造力在模糊、不确定的环境中发现机会,并利用资本市场等外界力量组织资源,领导企业来实现机会的价值。在这个过程中,资源与机会是一个从适应到产生差距、再到适应的动态过程。

(2)创业过程依赖机会、创业团队和资源这三个要素的匹配和平衡。处于模型底部的创业团队必须掌握这种匹配与平衡,并借此推动创业的过程。创业团队要做的工作包括分析企业中这种匹配和平衡的状态,如机会是否存在问题,企业正在失去什么机会;外部环境可能会发生什么有利或不利的事件,怎么使这些事件有吸引力;我们应如何做才可以减少和消除市场、技术、竞争、管理和金融风险;如何抓住机会和回避风险,由谁负责,最大限度地完成这些任务至少需要多少资源;评价这是不是一个恰当的团队;等等。如果一个创业者能决定这些答案,做必要的改变和增加,解决如何弥补差距和改进匹配的问题,吸引有利于完成这些工作的关键人才,那么创业成功的可能性就大大增加。从本质上说,创业者的作用就是管理和重新确定风险与回报的平衡。

(3)创业过程是一开始就进行的、连续的、寻求平衡的行为组合。尽管这三个部分很难保持完全匹配,但只有持续地追求一种动态的平衡,企业才能保持持久的发展。当用平衡的观念来展望公司的未来时,创业者需要自问:下一个成功将遇到什么陷阱? 目前的团队足够大吗? 如果公司在下两年以 30% 的速度增长会遇到危机吗? 资源充足吗? 这些问题关系到企业的持续发展。

2. 威克姆模型
威克姆创业过程模型如图 1-2 所示。该模型的含义如下:

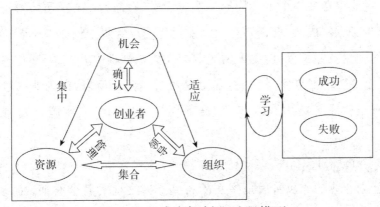

图 1-2 威克姆创业过程模型

(1)创业活动包括创业者、机会、资源和组织四个要素。创业者处于创业活动的中心。创业者在创业中的职能只能体现在与其他三个要素之间的关系上:发现和确认创业机会;管理创业资源;领导创业组织。

(2)创业任务的本质就是有效处理机会、资源和组织之间的关系。机会、资源和组织三者之间的关系为:资本、人力、技术等资源要集中用于机会的利用上,并且要注意资源的成本和风险;资源的集合形成组织,包括组织的资本结构、组织结构、程序和制度,以及组织文化;组织的资产、结

27

构、程序和文化等形成一个有机的整体，来适应所开发的机会，为此，组织需要根据机会的变化不断调整。因此，创业活动包括以下三个方面：使组织适合于所开发的机会；集合资源以形成组织；将资源集中于追逐的机会。在这种关系中，创业者起着关键的作用。

（3）创业过程是一个不断学习的过程。创业型组织是一个学习型组织。这就是说，组织不仅必须对机会和挑战作出反应，而且还要根据这种反应的结构来调整和修正未来的反应，即组织的资产、结构、程序、文化等要随着组织的发展而不断改进，组织在不断的成功与失败中得到学习与锻炼，从而获得更大的成功，发展壮大。

如前所述，创业是一个经济范畴，是指为了创建新企业而进行的、以创造价值为目的、以创新方式将各种经济要素综合起来的一种有目的的经济活动。简言之，创业就是创建一个新企业的过程。像所有的有机体一样，企业也存在一个生命周期。换句话说，一个企业要经历从筹备到建立、起步、发展、成熟、衰退乃至灭亡的过程。尽管每个创业者都希望自己创建的企业基业长青，但更多的企业却在成长过程中夭折，能够称得上是"百年企业"或者"老字号"的企业更是凤毛麟角。所以，在创业的过程中要注重企业成长的内在规律，根据各成长阶段的特点实施行之有效的管理。

（二）新创企业成长阶段的划分

新创企业的成长阶段是指从筹备到成熟之前的各个时期，可以分为种子期、起步期、成长期和成熟期。各阶段不仅具有不同的特征，而且所承担的任务和可能存在的风险也各不相同。

1. 第一阶段——种子期

种子期也就是新创企业的萌芽期，是创业者为成立企业做准备的阶段。这一阶段的主要特征有：企业的事业内容是作为"种子"的创意或意向，尚未形成商业计划；产品（服务）、营销模式没有确定下来；创业资金没有落实；创业者之间虽然已经形成合作意向，但是并没有形成创业团队。

由于此时企业尚处于构想之中，创业者需要投入相当大的精力从事工作:验证其创意的商业可行性并评估其风险;确定产品(服务)的市场定位;确定企业组织管理模式并组建管理团队;筹集资本及准备企业注册设立等事宜。

新创企业在种子期的风险主要有两种:即决策风险和机会风险,表现在对项目的选择上。决策风险也就是因为错误地选择项目导致创业失败的风险。由于新创企业在人力、物力和财力方面的资源匮乏、获取市场信息的渠道有限,一旦选择项目失败,就意味着创业的努力付诸东流。而机会风险是指选择一种机会而丧失其他机会的风险。创业者一旦选择创业,就会失去其他的机会,如放弃原有的工作、失去在其他方面的发展机会等。由于种子期企业尚未成立,这一阶段在经济方面的风险相对较小。

2.第二阶段——起步期

新创企业成长的第二阶段为起步期,以完成注册登记为开始标志。在这一时期,企业已经确定业务内容,并按照创业计划向市场提供产品和服务,但是业务量较小,市场对产品和企业的认知程度较低。该时期创业活动的特征为:企业已经注册成立;产品(服务)已经开发出来,处于试销阶段;商业计划已经完成,并开始进行融资;人员逐渐增多,创业团队的分工日益明确等。

与上述特点相对应,新创企业在起步期的创业活动主要围绕着这些方面进行:根据试销情况进一步完善产品(服务),确立市场营销管理模式;形成管理体系、扩充管理团队;撰写商业计划书、筹集起步资金等。

新创企业在起步期的风险与种子期相比会明显增加,甚至会危及企业的健康发展。这一时期的风险主要有:市场风险——因为需求量、价格等方面的原因导致企业的产品和服务得不到消费者的认可;管理风险——管理方面的原因导致效率低下、成本上升,从而使企业的产品和服务失去竞争力;财务风险——由于尚未形成规模,加上在产品的研制与开发、市场调研、广告、公共关系等方面投入较大,很难形成正现金流,如果不能进行有效的会计控制,势必会使企业的经营活动陷入困境。

3.第三阶段——成长期

新创企业的成长期是指从完成起步到走向成熟的时期。成长期的特征主要表现在:产品进入市场并得到认可,生产和销售均呈现上升趋势,产量提高导致生产成本下降,而市场对产品或服务的认可又能够促进销售,从而形成良性循环;管理逐渐系统化,随着企业规模的扩大和人员的增加,各个部门之间的分工越来越明确;企业的研究开发和技术创新能力不断增强,部分企业开始实施多元化战略;企业的产品和服务形成系列,并逐渐形成品牌;企业的声誉和品牌价值得到提升等。

该时期的创业活动主要涉及这四项内容:根据市场开发情况,尽快确定相对成熟的市场营销模式;适应不断扩张的市场规模和生产规模的需要,进一步完善企业管理,并考虑企业系列产品的开发或进行新产品开发;根据企业的实际情况,及时调整企业的经营战略;募集营运资金等。

成长期的风险涉及很多方面,主要有冒进风险、技术风险、管理风险。冒进风险是指企业进入快速成长期之后,因为急于求成盲目地扩大生产规模导致资源分散,引起财务状况的恶化;技术风险是指由于技术的普及和竞争对手的模仿使得新创企业原有的技术优势逐渐丧失;而该时期的管理风险是指企业规模扩大后容易出现一些问题,如组织机构臃肿、人工成本上升、沟通渠道不畅、创新精神衰退等,也就是通常说的"大企业病"。如果不能克服这些弊端,企业就会走向衰退乃至灭亡。

4.第四阶段——成熟期

在成熟期,企业的核心产品已经在市场上占有较大的份额,盈利剧增,技术风险、市场风险大大降低,管理风险增大。在这一阶段,企业往往会出现阻止创新的惰性和障碍。创业者需要从如何保持企业的竞争力和公司的战略角度出发进行多元化经营管理,这是创业者面临的主要问题。

新创企业从起步到成熟不是一蹴而就的,而是一个逐步发展的过程。一般来说,当企业经过起步阶段之后,随着产品市场占有率的上升,会有一个快速成长的过程;但是快速成长并不会一直持续下去,当正现金流出现的时候企业会进入稳步增长时期;当企业成长开始稳定之后,产品在市场上的影响逐步扩大,产品品牌优势形成,企业就开始走向成熟阶段。

(三)创业过程

创业过程由机会发现、机会评价、机会开发及创业结果组成。在创业过程中,个体创业者是核心要素;创业过程受到社会或环境因素的影响;创业可以在新创企业中发生,也可以在已创建的企业中发生。

1.创业机会的识别

创业机会的识别是创业过程的起点。无论新创企业从事何种业务,创业机会的识别都起着举足轻重的作用。国家产业政策的调整、新技术的出现、人口和家庭结构的变化、人的物质精神的需求变化等都可能形成商业机会。作为创业者,应该具有敏感的嗅觉,能够及时准确地识别创业机会。

创业机会的识别可以分为两个层次:一方面,创业机会的把握离不开对宏观环境的分析;另一方面,创业机会的识别也需要对行业状况和已有资源进行分析。只有这样才能做到有的放矢,根据掌握的资源选择行业、确定项目和业务范围,这也是减少创业风险的需要。

2.企业的创建

创业者在完成创业环境分析、发现创业机会、确定事业内容之后,就着手创建企业。企业的创建需要进行大量的准备工作,其中创业计划、创业融资和注册登记尤为关键。

一个别出心裁的创意、一个稍纵即逝的点子、一件意想不到的突发事件都有可能成为创业的契机,但创业的关键是看这些"创意""点子"和"事件"能否形成一个周密的创业计划。创业计划是对创建企业的基本思想的阐述及相关事项的具体安排,通常以商业计划书的形式出现。

创业计划不仅是创业者对创业思想及具体事宜的归纳和整理,而且能够成为风险投资者选择项目的依据,直接影响新创企业的融资。尽管可供选择的融资渠道和融资方式很多,但是获得资金上的支持不是一件容易的事情,资金往往成为新创企业的"瓶颈"。因此,创业融资在企业的创建过程中至关重要。

当创业者完成创业计划并获得融资之后,就可以按照法定的程序进行注册登记。该部分包括确定企业的组织形式、设计企业名称系统、向工商行政管理机关提出企业注册登记申请、领取企业营业执照等。

3.管理体系的形成

完成注册登记意味着新创企业在法律上得到认可,宣告企业法人的正式成立。通常,新创企业在创立之初受业务量、资金、场地、人员等客观条件的限制,不可能像大企业那样拥有系统的管理机构,各个部门的职能划分并不严格,创业者团队的分工也不明确。但是,随着业务量的上升和人员的增加,形成系统的管理体系就成为当务之急。管理体系的形成是企业成长的一个重要前提。尽管不同规模、不同行业的企业情况有所区别,但是管理体系应该包括会计控制、营销管理、人力资源管理和技术管理等内容。

(1)会计控制。由于新创企业规模小,资金实力薄弱,营运资金周转量低,所以加强内部会计控制对新创企业的成长至关重要。会计控制不仅要求创业者具备基本的会计知识,还要求财务会计人员具备良好的业务素质与职业道德,并在企业内部建立严格规范的会计制度。

(2)营销管理。新创企业的成长离不开市场对企业所提供产品或服务的认可。相对老企业而言,新创企业在行业内属于后发者,因此,能否在短期内通过营销管理在市场上占有一席之地直接关系到创业的成败。寻找目标市场、研制开发新产品、确定价格和销售渠道、整合销售手段等构成营销管理的主要内容。

(3)人力资源管理。在各类经营资源中,人是唯一具有能动性的资源,因此,新创企业的成长离不开人力资源管理,重点在于如何维持和发展创业团队。如果创业团队能够团结一致、锐意进取,就能够为企业成长提供良好的人才保证;相反,如果创业团队缺乏凝聚力,势必会引起管理的混乱,使得团队成员各自为政、分道扬镳,严重者甚至反目成仇,最终导致企业走向破产的结局。

(4)技术管理。新创企业的一个重要特点在于技术创新,因此,技术管理成为管理体系中不可缺少的环节。新创企业为了能够形成和维持核心竞争力,有必要强化技术管理。技术管理包括科研团队的形成、科研经费的取得、科学技术情报的获取等内容。

4.新创企业的发展

新创企业在市场上的地位相对稳定后,可能会因为市场需求的变化或者竞争对手的超越,逐渐丧失在原有的技术、服务、管理等方面的优势,很难有更大的市场突破。于是,寻求新的发展空间就成为企业发展的必由之路。

新创企业的扩张既包括开拓新的市场(包括地区市场、国内市场和国际市场),也包括业务的多元化;既包括企业规模的扩大,也包括管理水平的提升。新创企业扩张的方式也是多种多样的,既可以通过企业内创业来实现,也可以通过并购获得技术和资源、突破市场的壁垒来实现。

企业之间的竞争可以分为许多层次,如价格、产品、技术、品牌、知识及企业文化等。可以说,企业走向成熟的标志是能够形成一定的品牌,在品牌、知识和企业文化等方面形成竞争优势,而不是单纯依靠价格、产品和技术来赢得市场。

第二章　创新意识与创新思维

第一节　创新意识的概念与特征

一、创新意识的含义与价值

(一)创新意识的含义

创新意识是人们对创新与创新的价值性、重要性的一种认识水平和由此形成的对待创新的态度,以及形成一种指导创新活动的整体的精神态势。人们根据对创新的认识和生产生活的需要,引起创造新事物的观念和动机,并在创造活动中表现出意向、兴趣、愿望等。创新意识是一种思想观念和主观欲望,是唤醒和发挥人的创新潜能的前提。创新意识是人类意识活动的一种积极的、富有成果性的表现形式,是人们进行创造活动的出发点和内在动力,是创造性思维和创造力的前提。

心理学家马斯洛把创造性分为"特殊才能的创造性"和"自我实现的创造性"。"特殊才能的创造性"是指在某个领域有独特才华的人,如科学家、发明家、艺术家等所表现出来的创造性;而"自我实现的创造性"是指追求创新,实现人的价值,这是人人都具有的创造潜力。因此,我们要增强创新意识,认识到自身有创新的可能,从而进一步提升创新能力,取得创新成果。

(二)创新意识的价值

1.创新意识是决定一个国家、民族创新能力最直接的精神力量

创新意识推动社会生产力的发展。科学的本质就是创新,科学技术的每一次进步都是通过创新实现的。科学技术的迅猛发展对人类社会各个方面都产生了深刻而广泛的影响。创新更新了人们的生产工具和生产技术,提高了劳动者的素质,开辟了更广阔的劳动对象,推动了社会生产力的发展。

2.创新意识促成社会多种因素的变化,推动社会的全面进步

创新意识根源于社会生产方式,它的形成和发展必然进一步推动社会生产方式的进步,从而带动经济的飞速发展,促成上层建筑的进步。创新意识进一步推动人的思想解放,有利于人们形成开拓意识、领先意识等先进意识。创新意识会促进社会政治向更加民主、宽容的方向发展,这是创新发展需要的基本社会条件。这些条件反过来又促进创新意识的扩展,更有利于创新活动的进行。

3.创新意识促成人才素质结构的变化,提升人的本质力量

创新实质上确定了一种新的人才标准,它代表人才素质变化的性质和方向,它输出一种重要的信息:社会需要充满生机和活力的人、有开拓精神的人、有道德素质和现代科学文化素质的人。而创新意识能够促成人才素质结构的变化。因为创新意识使人有追求新异事物和真知灼见的强烈欲望,并敢于大胆质疑、标新立异。正是因为有了创新意识,才会有发现创新可能的慧眼,为创新做好充分的前期知识准备,并且实施创新活动。另外,创新意识是个体进行相关创新活动的内在指导力量,如创新过程中面临的路线选择、信息搜集、价值判断等,而且由于创新过程中会遇到很多困难和不良情绪等,创新意识会通过动机、情感和意志等对创新实践进行调控,让创新向着目标前进。因此,创新意识客观上引导人们朝着这个目标提高自己的素质,使人的本质力量在更高的层次上得以提升。它激发人的主体性、能动性、创造性的进一步发挥,从而使人自身的内涵获得极大丰富和扩展。

二、创新意识的特征

(一)创新意识是求新求变的意识

创新意识区别于其他意识的最典型特征是求新求变。创新意识是一

种不安于现状的精益求精的意识,是一种面对未知问题而不无动于衷的尝试冲动,是不断探索、求新求异的兴趣和欲望。总之,创新意识是与墨守成规相对立的,是创造美好的新生事物的必要条件。

(二)创新意识是创新的起点

如果说创新是一种从思想到实践的变化过程,那么创新意识就是思想的起点,是人们进行创新活动的出发点。所以,创新意识是开展创新活动的先决条件,也是开发创新思维和创新能力的起点。很难想象,一个没有创新意识的人会持续开展创新活动,取得创造性成果。所以,培养创新能力首先要从培养创新意识入手。

(三)创新意识是各种心理因素构成的整体

创新意识是个体对创新的认识和态度,以及由此引发的情感和意志。创新意识包含好奇心、怀疑感、兴趣、动机、情感等,是多种心理因素共同组成的一种精神状态,是人类意识活动的一种积极的、富有开创性的表现形式。

(四)创新意识是可以被塑造的

创新意识需要在生活和学习中逐步建立和发展,它可以通过学习和实践加以激发,也可以通过培养和锻炼加以巩固。大学生要充满好奇心、求知欲,力求掌握更多知识及其原理,深入探索未知的事物和新方法,同时要有质疑精神,保持思维的独立性和求真性。树立远大抱负和工作责任感,也是塑造创新意识的催化剂。

第二节 创新意识的培养与激发

一、创新意识培养的重要性

创新能力的培养离不开创新的知识技能、创新的思维品质及创新的人格特征。创新思维是创新能力的核心因素,是创新活动的灵魂。开展创新训练的实质就是对创新思维的开发和引导。一个人的创新能力,特别是创新思维能力的强弱,将决定他的发展前途。

培养创新意识对创造能力的形成有重要的意义。假如一个人仅仅精通数学上的各个分支,掌握各种各样复杂的数学定理、公式,那么他还不算是一个数学家。一个好的数学家最重要的就是要有自己的创新,要能发现前人没有发现的问题,解决前人没有解决的问题,这才能算是一个真正的数学家。所以一个人首先应有广博的知识,做到"学富五车";其次则要具备创新意识。例如关于时间的同一性,多少年来一直被人们当作不言而喻的真理,但强烈的创新意识使爱因斯坦对它产生了疑问,进而深入研究了这个问题,终于为相对论的建立打开了缺口。创新意识使哥白尼推翻了地球中心说,推动他建立了太阳中心说。

二、创新意识培养的方法

(一)鼓励学生质疑,培养创新思维

创新意识来自问题。古人云:"学贵有疑,小疑则小进,大疑则大进。"疑是思之源,思是智之本。

发现问题、提出问题的过程往往闪烁着智慧的火花。魏格纳提出大陆漂移学说,波义耳发明石蕊试纸,谢皮罗发现自然界水的漩涡与地球自转的关系,这些都起源于质疑。可见,具有发现问题、提出问题的精神,是优秀人才必备的品质。提出一个问题往往比解决这个问题更重要。因此,我们要激发学生产生疑问,帮助学生找到解决问题的钥匙。

提问是一个人从已知伸向未知的心理触角,是创新意识的具体体现。在教学中,我们在引导学生学习时要着力引导他们在实践中掌握质疑的基本方法。

(二)鼓励标新立异,培养求异思维

在传统课堂教学中,我们较多的是追求学生认识的标准化,导致了教师对学生认识发展的整齐划一要求。这在课堂上主要表现为:教师的一言一语给学生以模式化的示范或提示,造成了思维定式,严重抑制了学生创造性思维的发展,妨碍了学生的创新。因此,克服思维定式、发展求异

思维对创新意识的培养有着重要的意义。在课堂教学中,教师应给学生留出充分思考的时间,摆脱"标准答案"的思想,千方百计创造条件,使学生敢于发表不同意见,引导他们多角度、全方位思考,允许并鼓励学生的认识朝不同方向辐射,并敢于争议,发表新颖独特的超前、超群、超常的见解,敢于打破常规,突破传统观念,大胆创新、标新立异。这样,即使学生对事物的认识在是非、曲直、优劣上有些分歧,但思维过程、辨析过程就是创新意识的萌发、生长、成熟的过程,其意义绝不是某一问题的答案是否正确所能代替的。

(三)启发创造想象,诱发创新思维

在课堂教学中,教师要引导学生根据其提供的相关信息,唤起学生头脑中的有关表象,给学生留下充分想象和联想的空间,让学生的想象思维向四面八方辐射。

(四)培养独立意识

培养创新意识时要注意对自身独立意识的培养。培养自己独立的人格,发展独立获取知识、钻研问题的能力,不依赖别人,不盲从他人。独立意识包括两个方面的内容:

一是思想方面的独立性,即独立思考和判断的能力;二是实践方面的独立性,即学习工作、社会交往等方面独立处理问题或事情的行为能力及生活上的独立自理能力。个体的创造性是在后天的实践中形成的,其发挥也受到多种因素的影响和制约,最关键的就是独立性。具备独立性并非就一定具备创造性,但没有独立性绝不可能有创造性。创造性与独立性等非智力因素比智力因素更能决定一个人的成败,在这一点上独立性比创造性更重要。因此,培养独立意识是培养创新意识的前提。

1.大学生要加强自身的知识储备,培养自立、自强精神

在学习过程中要开阔视野,储备知识,力求融会贯通,将所学知识转化为独立解决问题的能力。遇到困难时,自觉地从头脑的知识储备中过滤出需要的信息,进而找到解决问题的方法和途径。还要注重对最新理论、最新技术和最新信息的了解,不断探求新的知识,努力掌握社会、文

化、科技发展的新动向。自立是指立足于自身奋斗,不依赖他人;自强是指不安于现状,勤奋、独立、自主的精神状态,是一种强烈的、改变自我状态的向上驱动力。

2.大学生要融入同辈的独立群体之中

同辈群体又称同龄群体,是由一些年龄、兴趣、爱好、态度、价值观、社会地位等方面较为接近的人组成的一种非正式群体。大学生中的同辈群体交往频繁,时常聚集,彼此间有着很大的影响。大学生要充分利用同伴的影响作用,在生活和学习上多与独立性较强的同学、朋友沟通和交流,将他们的行为作为评定自己行为的参照,从同伴对自己的反应中认识自我,进而完善自我。

(五)培养独立思考的习惯

要真正实现创新,在理论和实践上获得首创和突破,就要敢于对现有研究成果产生怀疑,敢于否定和超越。问号是开辟一切科学的钥匙。问题是时代的格言,是表现自己内心状态的最实际的呼声。

第一,大学生在学习过程中,要养成随时收集、记录生活学习过程中产生的疑问的习惯。每天抽出时间整理疑难问题,针对问题进行思考,或者请教老师和同学,并记录下来;同时还要经常给自己和别人提问题。

第二,加强学习,具备一定的知识和智力水平,掌握一定的创造性思维方法,从不同角度提出有价值的问题;要充分重视别人解决问题的方法,探讨别人处理问题的途径,善于从比较中学习,从而纠正自己的错误,发现产生问题的缘由。

第三,要有坚持真理、挑战权威的勇气。只要有疑问,就要敢于怀疑,有了怀疑再去求证,即使错了也会获得经验。在疑问的过程中,可以展开争论,激发自己的灵感,发挥集体的智慧,相互启发。

(六)培养合作意识

要进行创新,光靠个人的力量很难完成,必须相互协作。合作是指两个或两个以上的个体为了实现共同目标(共同利益)而自愿结合在一起,通过相互之间的配合和协调(包括言语和行为)而实现共同目标,最终个人利益也获得满足的一种社会交往活动。培养学生之间的合作精神,能促进大学生学习能力的提高。合作意识很难通过讲座或讨论形式得到培养。其需要通过某种活动,通过人与人的交往过程,通过共同完成任务和对各种结果的经历,以及成果的分享和责任的共同承担的关系去培养。靠个人奋斗取得成功的时代已经过去了。合作和竞争并存,在竞争的基础上合作,在合作的基础上竞争,这一时代特征表象越来越明显,大学生应树立竞争意识,并将竞争纳入有序的状态和友好合作的氛围中。

(七)培养风险意识

创新意识和冒险精神是创新创业的内在要求。创新是走前人没有走过的路,难免会遇到困难和挫折,创新需要有冒险精神、胆略和胆识,创业实践也要有风险意识,还要有克服困难的勇气和百折不挠的意志。大学生要敢于幻想、大胆试验、敢作敢为、勇于创新。只有努力保持风险意识和冒险精神的平衡,保持理性思维,才能降低风险和损失。

1. 提高自身对风险的预见性及防范能力

正确认识个人成长过程中可能遇到的各种风险,如不合理饮食、缺乏运动、睡眠不足导致的"亚健康"风险;沉迷网络游戏导致的学业难以完成的风险,就业创业过程中遇到各种"陷阱"而导致的人身、财产风险等,形成正确的人生观、价值观和完善的人格素养。

2. 树立正确的风险意识观念

认识到对风险的解决有助于积累经验、总结不足、更好地提升自我。风险是包含积极因素的,也是机会和创新的动力。我们既要看到风险带来的挑战,增强对风险的预警,也要看到风险中孕育的机会和希望,树立科学的风险观,增强抵御风险的能力,减少风险带来的危害。

(八)发展全面思维的品质

思维品质是人的思维的个性特征,反映了每个个体智力或思维水平的差异。

1. 发展思维的广阔性

思维的广阔性指能全面而细致地考虑问题。考虑问题的整体和细节,考虑问题的本质和相关的其他条件。思维的广阔性以丰富的知识为依据,从事物的不同方面和不同联系上考虑问题,从而避免片面性和狭隘性。

2. 发展思维的批判性

思维的批判性指能使自己的思维受到已知客观事物的充分检验。思维的批判性以广阔性为基础,是一种既善于从实际出发,又善于独立思考的思维品质。

3. 发展思维的深刻性

思维的深刻性指能深入事物的本质去考虑问题。思维的深刻性是以批判性为前提的。只有通过客观事物的充分检验,丢掉不符合实际的假设,保留符合实际并能真正解决问题的假设,才能为思维的深刻性创造必要的条件。

4. 发展思维的灵活性

思维的灵活性指一个人的思维活动能根据客观情况的变化而变化,即能根据所发现的新事实,及时修改自己原来的想法,使思维从成见和教条中解放出来。

5. 发展思维的敏捷性

思维的敏捷性指能在很快的时间内提出解决问题的正确意见。也就是说,人在解决问题时,能够当机立断,不徘徊、不犹豫。思维的敏捷性是思维其他品质发展的结果,是所有优良思维品质的集中表现。

第三节 创新思维的概念与主要形式

一、创新思维的定义

思维可以分为传统思维和创新思维两类。传统思维是人类经常性的、以经验为主的程序化的思考。而创新思维是相对传统思维而言的一种思维方式,是思维的一种智力品质。创新思维是指在传统思维的基础上，通过发挥大脑的能动作用，以具有超前性和预测能力的新的认知模式来把握事物发展的内在本质及规律，对事物间的联系进行前所未有的思考、探索、观察、分析和解决问题的新方法、新途径的思维过程。

从狭义的理解来讲，创新思维是一种开辟人类认识新领域，开创人类认识新成果的、具有较大社会意义的高级思维活动，它往往表现为发明新技术、形成新观念、提出新方案和决策、创建新理论。当然，只有少数人才有狭义理解上的创新思维。从广义上讲，创新思维可以表现为作出了完整的新发现和新发明的思维过程，也可以表现为在思考的方法和技巧上、在某些结论和见解上具有新奇独到之处。它广泛存在于科学史上的重大发明之中，存在于生产、教育、艺术及科学研究活动等方面。因此，每一位正常人都具有广义上的创新思维能力。比如在领导工作实践中，具有创新思维的职业经理可以想别人所未想、见别人所未见、做别人所未做的事，敢于突破原有的框架，或是从多种原有规范的交叉处入手，或是反向思考问题，从而取得创造性、突破性的成就。

创新思维是人类从事创造性活动的基础，是一切创造原理和创造技法的源泉，人类的一切成果无一不是创新思维的结果。创新思维结果实现了知识，也就是信息的增殖。它或者是以新的知识（如观点、理论、发现）来增加知识的积累，从而增加了知识的数量（即信息量）；或者是在方法上的突破，对已有知识进行新的分解与组合，发掘知识的新功能，由此实现了知识（信息）结构量的增加。所以，从信息活动和知识增殖的角度来看，创新思维是一种实现了知识增殖，或是说信息量增殖的思维活动。

创新思维结果的实现需要人们付出艰苦的脑力劳动。一项创新思维结果的取得，往往需要经过长期探索、刻苦钻研，甚至多次的挫折之后才能取得，而创新思维的能力也要经过长期的知识积累、智能训练、素质磨砺才能具备。创新思维过程，还离不开推理、想象、联想、直觉等思维活动，所以，从主体活动的角度来看，创新思维又是一种需要人们（包括组织者）付出较大代价，运用高超能力的一种思维活动。

二、创新思维的特征

创新思维区别于传统思维,它是通过发挥人脑的能动作用,对外部客观世界的信息以崭新的思考方式进行有意识或无意识、直接或间接的再加工处理的一个思维过程。创新思维具有以下七个特征:

(一)开拓性及独特性

创新思维较常规思维有明显的开拓性。传统思维遵循现存思路和方法进行思考,重复前人过去已经进行的思维过程。传统思维所要解决的是实践中经常重复出现的情况和问题,思维的结论属于现成的知识范围。而创新思维在思路的探索上、思维的方法和思维的结论上不满足于人类已有的知识和经验,往往是对现有物质形态的一种否定,不同程度地表现出与旧事物存在的某些差异,努力通过新的思维方式探索客观世界中尚未认识的事物的规律。它所要解决的是实践中不断出现的新情况和新问题,为人们的实践活动开辟新领域、新天地。

要有创新性,就要有独特性。求异、求新、独创是创新思维的本质特征。创新思维的独特性在于思路的选择上、思考的技巧上、思维的结论上,能提出新的观点、探寻新的发现,与其他人有明显不同,并且前无古人、独具一格。创新思维的独特性能使知识和理论得到更新,对改变人类的生活方式和促进社会的进步起到深刻作用。

(二)灵活敏捷性

创新思维始终追随前进的历史车轮,跟踪着不断发展变化的动态社会。它有着敏捷的思维能力,从变化的实际情况出发,做到因人、因时、因事而异,短时间内迅速地调动思维,具备积极思维、周密考虑、准确判断的能力,能当机立断、迅速正确地解决新问题。同时,创新思维并无现成的思维方法和程序可循。它的方式、方法、程序、途径等都没有固定的框架,且是多方向发散和立体型的。在思维活动中,表现为可以灵活地从一个思路转向另一个思路,从一种意境进入另一种意境,多方位地试探解决问题的办法。传统思维通常是调动已有的经验,索引既定的方案、现成的做法、惯用的例证,习惯于按照一定的固有思路和方法进行思维活动,虽然符合"最省力原理",但"再现"多于"创造","仿效"多于"结合",其思维缺乏灵活性,缺乏深度和广度。

创新思维灵活敏捷性的主要表现:一是变通力,能适应变化多端的现实情况;二是摆脱惯性,不以僵化的方式看问题,突破各种成见、偏见和思维定式;三是依赖高度发展的观察力和良好的注意力。

(三)探险性和风险性

创新思维的显著特点:一是"创",二是"新",以"创"促"新"、以"新"带"创"。它坚信"发展就要变,不变就不会发展"的原理,其核心是在发展上求创新、求突破,而不是对原来事物的再现重复,它是在探索中发现和解决问题的。

由于创新思维活动是一种探索未知的活动,因此,要受着多种因素的限制和影响,如事物发展的程度及本质暴露的程度、实践的条件与水平、认识的水平与能力等。这决定了创新思维并不是每次都能取得成功,甚至有可能毫无成效或者作出错误的结论。创新思维的风险性还表现在它会对传统势力、偏见产生冲击。而传统势力、现有权威都会竭力维护自己的存在,对创新思维活动的成果抱有抵触心理。但是,它无论取得什么样的结果,在认识论和方法论范畴内都具有重要意义。常规性思维虽然不是越常规,表面看来"稳妥",风险小,但它的根本缺陷是从来没有改变,不能为人们提供新的启示。

(四)突变性

在创新思维的过程中,新思路、新设想的产生通常带有突变性。有时候,人们的思考达到一个瓶颈,或者说思路达到了极限的时候,常常会在突然之间,思绪豁然开朗,思如泉涌,使得百思不得其解的问题在瞬间就能找到答案。这样的现象我们也称之为"灵感降临""灵光一现"。创新思维的机理是突变论,它表现出一种非逻辑的特征,是对原有极限的突破,促使新生事物的产生。当然,突变性是创新者长期观察、研究、思考的结果,是创新思维活动过程的产物。这种思想火花的爆发没有固定的时间,带有极大的随机性。

(五)客观现实性

创新思维是以客观存在为主体的现实思维结构。它强调一切从实际情况出发,从解决现实矛盾和问题入手,尊重客观、尊重事实,在实践中不断认识真理。从本质意义上讲,创新思维始于客观存在的必然需要,创新方法源于解决现实问题之中,离开现实谈创新没有任何意义,脱离现实搞创新更是违背规律的。传统思维往往习惯用老眼光看待新事物,穿新鞋走老路,很难引领人们进入一个新的境界。

(六)科学性和有益性

创新不是凭个人的主观意志获得成功的,它必须建立在科学的认识观上,即在辩证唯物主义和历史唯物主义的科学理论指导下,经过对客观事物的细致观察和认真剖析,才能大胆地对现有物质形态在"局部继承"的基础上进行"整体否定"。因此,任何创新活动都必须遵循客观事物的发展规律,符合客观实际,经得起实践检验,具有令人信服的科学性。这也是区别真创新和假创新的一条重要标准。创新的目的在于造福人类,创新的成果只有有益于人类,才能被人们承认、接受。在从事创新的全过程中,始终使良好的创新动机和有益的创新成果和谐统一,是确保创新获得成功的先决条件,也是衡量一切创新是否具有存在价值的一条重要依据。

(七)综合性

创新思维是由许多因素、多种思维形式参与结合在一起的综合性思维活动。包括知识信息因素、智力因素、实际能力因素、个性因素和身体因素等,以及想象、联想、比较和概括等。把事物的各个侧面、部分和属性等有机地综合成一个新的整体进行观察和思考,常常容易发现事物之间的内在联系,发现事物之间在某些方面存在某些重要的关系,从而作出重大的创造发明。

创新思维是人类最高级、最复杂的思维过程,它是多种思维方法、思维形式和思维过程有机结合的产物。在创新思维方法上,既要有逻辑思维,也要有形象思维;在创新思维形式上,既要有发散思维,也要有收敛思维,既要有求异思维,也要有求同思维;在创新思维的过程中不断地分析、综合、比较、概括和推理。只有这样,才能正确地认识事物的关系,认识事物的本质和规律,才可能产生创造性的成果。

三、创新思维的作用

(一)创新思维可以不断地增加人类知识的总量

创新思维因其对象的潜在特征,表明它是向着未知或不完全知晓的领域进军,不断扩大着人们的认识范围,不断地把未被认识的东西变为可以认识和已经认识的东西,科学上的每一次发现和创造,都增加着人类的知识总量,为人类从必然王国进入自由王国不断地创造条件。

(二)创新思维可以不断地提高人类的认识能力

创新思维的特征已表明,创新思维是一种高超的艺术,创新思维活动及过程中的内在的东西是无法模仿的。这内在的东西即创新思维能力。这种能力的获得依赖人们对历史和现状的深刻了解,依赖敏锐的观察能力和分析问题的能力,依赖平时知识的积累和知识面的拓展。每一次创新思维过程都是一次锻炼思维能力的过程,因为要想获得对未知世界的认识,人们就要不断地探索前人没有采用过的思维方法、思考角度去进行思维,就要独创性地寻求没有先例的办法和途径去正确、有效地观察问题、分析问题和解决问题,从而极大地提高人类认识未知事物的能力,所以,认识能力的提高离不开创新思维。

(三)创新思维可以为实践开辟新的局面

创新思维的独创性与风险性特征赋予了它敢于探索和创新的精神,在这种精神的支配下,人们不满于现状,不满于已有的知识和经验,总是力图探索客观世界中还未被认识的本质和规律,并以此为指导,进行开拓性的实践,开辟出人类实践活动的新领域。相反,若没有创造性的思维,人类躺在已有的知识和经验上,坐享其成,那么,人类的实践活动只能停留在原有的水平上,实践活动的领域也非常狭小。

创新思维是将来人类的主要活动方式和内容。历史上曾经发生过的工业革命并没有完全把人从体力劳动中解放出来。目前世界范围内的新技术革命,带来了生产的变革。全面的自动化把人从机械劳动和机器中解放出来,从事着控制信息、编制程序的脑力劳动。而人工智能技术的推广和应用,可以将人所从事的一些简单的、具有一定逻辑规则的思维活动,交给"人工智能"去完成,从而又把人从简单的脑力劳动中解放出来。这样,人将有充分的精力把自己的知识、智力用于创造性的思维活动中,把人类的文明推向一个新的高度。

创新思维的探索还具有开拓性的作用。创新思维是一种具有开创性意义的思维活动,它发明的新技术、形成的新观念、提出的新方案和决策、创建的新理论,不断开辟人类认识的新领域。创新思维不仅可以是新发现和新发明,而且可以是新方法和新技巧。

四、创新思维的分类

创新思维提倡自由畅想,完全可以不受顺序、层次甚至方向等的影响,可以从多角度、全方位地思考问题。创新思维以具有开拓性及独特性、灵活敏捷性、探险性和风险性、突变性、客观现实性、科学性、有益性和综合性的特点,在创新活动中占主导地位,起着决定性作用。

思维类型指的是具有共同特征组成的思维方式、方法和过程的总称。创新思维有五种基本类型:发散与集中思维、逆向思维、形象思维、直觉与灵感思维、综合思维。

(一)发散与集中思维

发散思维就是让人们把创新的思路扩散出去,多角度、多层次、多方位地去寻找问题的答案,以达到解除束缚、开拓思路、扩大视野的目的,从而达到"思绪万千,新意无穷"的效果;集中思维则恰好相反,它是把发散思维拓展出去的思路再收拢回来,集中到某些核心思考点上,以达到终极目标。由此不难理解,"发散"与"集中"既对立又统一;既包含了一个事物的两个方面,又相互联系;在创新活动中相互依赖、相反相成。在具体的创新活动中,发散与集中思维又可分为以下三种思维模式:

1. 破旧立新

原始创新是最彻底、最有效的创新方法,不破不立,破字当头,立在其中;对旧事物进行全盘否定,用新事物取而代之,取得面貌一新、不留痕迹的结果。

2. 集旧成新

集旧成新的思维模式,要求创新者具有一定的分析与综合、归纳与演绎等逻辑思维能力。面对已经存在的许多事物,包括理论、方案、技术和产品等,运用发散思维把它们的共同点和不同点及相互关联之处等逐一找出来;再运用集中思维从杂乱无章的现象中理顺出一个统一的规律,求同存异、去伪存真、由表及里、相互渗透;最后把它们重新组合成一个协调一致的新整体。集旧成新的思维模式不仅适用于技术领域,对其他创新领域也同样适用。我们经常说的"集前人之大成",实际上就是一种集旧成新的创新思路。

3. 推陈出新

世界上的万事万物都有一个不断发展变化的过程。新事物可随着时光的流逝而演变为旧事物,而旧事物也可以发展变化成为新事物。有些旧事物因时代的变化失去了自身存在的价值而成为破旧立新的对象。有些旧事物虽然已经陈旧,但仍有其存在价值,经过更新换代或改进、变革之后又成为新事物,这便是推陈出新的创新思维模式。推陈出新与破旧立新最根本的区别在于消除旧事物的程度不同。推陈出新是对旧事物进行改革或改进,因而所创的"新"仍保留了旧事物的痕迹;而破旧立新则是对旧事物的全盘否定,其创新成果中旧事物的痕迹已不复存在。正因如此,破旧立新由于其对旧事物摒弃的彻底性,创新价值较大,如理论上的重大突破、技术发明、制度创新等;而推陈出新则由于其创新的不彻底性,创新的价值较小,如技术革新、产品改进等。

(二)逆向思维

人的思维活动存在正向和逆向两种方式。在通常情况下,正向思维方法能有效、经济地解决大部分常规问题。但在创新中,正向思维可能展现出它的束缚性,如束缚人们的思路。因此,转换视角,从逆向去探索,往往会产生新的观念或超常的构思。

逆向思维告诉人们在思考问题时要随时注意调整自己的思维方式,不要沿一条路走下去,要敢于打破常规,换一个角度思考问题;甚至反戈一击,逆其道而行之;或者干脆把所研究、思考的问题拉回到原点,不惜推倒重来。

所谓物极必反、否极泰来,就是告诫人们,当你感到十分困惑、迷茫时,不要悲观、不要失望、不要怨天尤人,而要以积极的态度正视现实、正视困难,及时改变自己的思维方式,及时启动你的逆向思维。

逆向思维由于其创新的对象、所具备的条件、所处的背景及因果关系等方面的区别,又可分为以下四种思维模式:

1. 打破常规

常规思维即逻辑思维,也叫习惯思维,其特点是思路严谨、顺理成章、因果关系明确,容易被大多数人所接受。一般来说,它不会引起非议,也不会有太大的风险,但经常给人带来困惑,甚至使人作茧自缚、误入歧途,很难达到创新的目的。而与此相反打破常规的逆向思维却往往会出其不意地得到创造性成果。如爱因斯坦的"相对论"、史丰收的"速算法"等就是运用这种创新思维模式的结果。

2. 相反相成

自然界中的万事万物普遍存在着一个既对立又统一的客观规律。例如大与小、黑与白、高与矮等,它们既相互对立,又相互依赖、相反相成。这就启发人们在进行创新活动时,不仅要研究客观事物本身所存在的一些客观规律,还要注意到事物的反面。相反相成的逆向思维就是要求人们从事物的反面思考问题,反其道而行之。

3. 回归原点

人们在从事各项社会活动时,经常会遇到这样一种情形,就是当你在所从事的事业中花费了大量的时间和精力,甚至投入了不少资金和物力,虽然也取得了一定成绩,但再继续深入下去时,却遇到了难以逾越的障碍,很难再前进一步。此时,你自然会感到大惑不解、悲观失望,甚至几近崩溃。然而,你既不能急于求成,也不能失去信心。最好的方法就是停下来反思,检查一下你的思路是否发生了问题。因为你已经发散出去的思维很可能在一开始就找错了方向。若果真如此,最富成效的办法就是"悬崖勒马,回头是岸",毅然决然地把你所研究的问题再返回到其初始状态,这便是逆向思维中回归原点的创新模式。

4．化弊为利

大千世界,无所不有;万事万物,有利有弊。这"利"和"弊"就构成了事物的两个方面,相伴而生、相反相成。这是自然界的客观规律,不以人的意志为转移。汽车的发明,给人类提供了先进的交通工具,但同时也造成了对空气的污染;城市的繁荣,带来了人类的物质文明和精神文明,却使人类的自然环境遭到严重破坏;工业生产的规模化发展和自动化程度的提高在解放了生产力的同时,也造成了大批工人的失业……总而言之,随着社会的不断进步,各种弊端也都随之暴露出来。但是,科技要进步,经济要发展,社会要前进,这是不可逆转的历史潮流,不会因诸多弊端的出现而改变。因而,正确的做法应当是直面社会发展所带来的诸多弊端,运用逆向思维,化弊为利,不断创造新成果。

(三)形象思维

形象思维是以被研究的客观事物的形象特征为主要思考对象的一种思维方式,属创新思维。形象思维包括想象、联想、模拟和幻想等思维模式。它与抽象思维形成一个鲜明的对比:抽象思维即逻辑思维,它是把被研究的客观事物的形象特征去掉,而把属于形象特征以外的其他特征抽取出来,形成某种概念,然后再对这些概念按照逻辑思维所规定的规则、定律、公式、定理等进行分析、比较、推理、归纳、演绎、判断等;而形象思维却十分重视客观事物的表象,充分发挥个人的想象、联想、类比、模仿等能力,并允许虚构和幻想,从而可以构造出一个栩栩如生的形象,或者一幅绚丽多彩的图画,或者一首优美动听的乐曲等。正因如此,形象思维不仅因为它的富有形象和直观而具有文学价值,而且在创新思维中具有重要地位。

(四)直觉与灵感思维

直觉思维与灵感思维是两种更趋成熟和更加高级的创新思维,在创新活动中具有极其重要和不可替代的地位。直觉思维是指对一个问题未经逐步分析,仅依据内因的感知迅速地对问题答案作出判断、猜想、设想,或者在对疑难问题百思不得其解时,突然对问题有灵感和顿悟,甚至对未来失误的结果有预感等。直觉思维是一种心理现象,在创新思维活动的关键阶段起着极其重要的作用。直觉思维是完全可以有意识加以训练和培养的。

灵感思维是指人们在对某一问题有不得其解时,思绪由于受到某种外来信息的刺激或诱导,忽然灵机一动,想出了办法,对问题的解决产生重大影响的思维过程。灵感思维往往不受思考者的控制而突然发生。灵感的产生往往伴随着激情,令创新者欣喜若狂、思维空前活跃。

(五)综合思维

人脑的思维活动非常复杂,不仅各种创新思维之间具有密不可分的内在联系,而且创新思维与各种逻辑思维之间也没有明显的界线;而且,任何被研究的客观事物的最终解决方案也不会一蹴而就,还要经过反复思考。因此,任何一项创新活动的完成,往往会伴随着各种创新思维和逻辑思维的相互结合及交替运用。当然,由于创新思维与逻辑思维具有各自不同的特点,决定了二者的相互独立性,因而在创新活动的不同阶段,两种思维各有偏重,分别扮演着主导和辅助的作用。因此,笔者认为,综合思维归根结底是创新思维与逻辑思维的辩证统一,也是一种创新思维的基本类型。

综合思维共有两种思维模式,分别被称为综合思维模式一和综合思维模式二。

综合思维模式一:利用创新思维具有新、奇、快等特点,大胆地提出问题或发现问题,达到"一鸣惊人""一语道破天机"等创新效果;再运用逻辑思维具有科学、严谨、缜密、规范、系统、全面等特点,对提出或发现的问题进行分析、综合、归纳、判断和实验验证等,最终取得圆满的结果。

综合思维模式二:先由逻辑思维提出或发现问题,再用创新思维寻找理论证明方法或实验验证方法,就是综合思维模式二的创新方法。举世瞩目的"哥德巴赫猜想"就是运用这种创新思维的典范。

第四节　创新思维的训练方法

一、发散思维训练

(一)发散思维的含义

发散思维又称放射思维、辐射思维、扩散思维和求异思维,是指大脑在思维时呈现的一种扩散状态的思维模式。发散思维是从一个问题(信息)出发,突破原有的圈,充分发挥想象力,经过不同的途径、方向,以新的视角去探索、重组眼前的和记忆中的信息,产生出多种设想、答案,使问题得到圆满解决的思维方法。

(二)发散思维的特点

1.流畅性

流畅性就是观念的自由发挥,指单位时间内产生设想和答案的多少或者指在尽可能短的时间内生成并表达出尽可能多的思维观念及较快地适应、消化新的思想观念。

流畅性衡量的是发散思维的速度(单位时间的量),可以看成是发散思维"量"的指标,是基础。其包括字词的流畅性、图形的流畅性、观念的流畅性、联想的流畅性及表达的流畅性。其中,字词的流畅性和表达的流畅性显得更为重要。

2.变通性

变通性是指提出设想或答案所表现出的灵活程度,是克服人们头脑中某种自己设置的僵化的思维框架,按照某一新的方向来思考问题的过程。

变通性是发散思维的"质"指标,体现了发散思维的灵活性,是思维发散的关键。变通性是指知识运用上的灵活性,观察问题的多层次、多视角。

3.独特性

独特性是指人们在发散思维中作出不同寻常的、异于他人的新奇反应的能力。独特性是发散思维的本质,表现了发散思维的新奇成分,是思维发散的目的。

独特性也可称为独创性、求异性,这是创新思维的基本特征和标志。没有这个特征的思维活动,都不属于创新思维,这是发散思维的最高目标,能形成与众不同的独特见解,让思维活动进入创新的高级阶段。

4.多感官性

发散思维不仅运用视觉思维和听觉思维,而且也充分利用其他感官接收信息并进行加工。发散思维还与情感有着密切的关系。如果思维者能够激发兴趣,产生激情,把信息感性化,赋予信息以感情色彩,那么就会提高发散思维的速度与效果。

在日常的学习生活中,我们要特别重视多感官训练,通过调动身体各个器官,体验视觉、听觉、嗅觉、触觉等感官刺激,减缓压力,消除焦虑不安的情绪,全方位地激发兴趣,全身心地为学习服务。

(三)发散思维的作用

发散思维具有以下三方面的积极作用:

首先是核心性作用。发散思维在整个创新思维结构中的核心作用十分明显。我们可以这样看:想象是人脑创新活动的源泉,联想使源泉汇合,而发散思维就为这个源泉的流淌提供了广阔的通道。发散思维从一个小小的点出发,冲破逻辑思维的惯性,让想象思维的翅膀在广阔的太空自由地飞翔,创造性想象才得以形成。

其次是基础性作用。在创新思维的技巧性方法中,许多都是与发散思维有密切关系的。著名的奥斯本智力激励法中的最重要的一条原则就是自由畅想,它要求不受一切限制地去寻找解决问题的办法,这实际上就是鼓励参与者进行发散思维。

最后是保障性作用。发散思维的主要功能就是为随后的其他思维提供尽可能多的解决方案。这些方案不可能每一个都十分正确、有价值,但是一定要在数量上有足够的保证。如果没有发散思维提供大量的可供选择的方案、设想,其他思维就"无事可做"。可见,发散思维在整个创新思维过程中,起着后勤保障的重要作用。

(四)发散思维的训练原则

1.考虑所有因素

尽可能周全地从各个方面考察和思考一个问题,这对问题的探索、解决特别有用。

2.预测各种结果

思考一个问题时应考虑各种"后果"或最终可能出现的结局。这有利于对事物的发展有较明确的预测,并从中寻求最佳的模式。

3.尝试思维跳跃

当解决某个问题遇到困难时,可以采用思维跳跃的方法,即不从正面直接入手,而是另辟蹊径,从侧面来突破。

4.寻求多种方案

思考问题时,可快速"扫描"并指向事物或问题的各个点、线、面、立体空间,寻找多种方案,并对方案进行深入思考,从而找到全新的思路和方法。

(五)发散思维的训练方法

1.材料发散法

这是指以某个物品尽可能多的"材料"为发散点,设想它的多种用途。如回形针的用途:把纸或文件别在一起,做发夹……

2.功能发散法

这是指从某事物的功能出发,构想出获得该功能的各种可能性。

3.结构发散法

这是指以某事物的结构为发散点,设想出利用该结构的各种可能性。

4.形态发散法

这是指以事物的形态为发散点,设想出利用某种形态的各种可能性。

5.组合发散法

这是指以某事物为发散点,尽可能多地把它与别的事物进行组合。

6.方法发散法

这是指以人们解决问题或制造物品的某种方法为发散点,设想出利用该种方法的各种可能性。如说出用"吹"的方法可能做的事或解决的问题:吹气球、吹蜡烛、吹口哨……

7.因果发散法

这是指以某个事物发展的结果为发散点,推测出造成该结果的各种原因,或者由原因推测出可能产生的各种结果。如推测"玻璃杯碎了"的原因:手没抓住;掉落地上碎了;被某物碰碎了……

8.假设推测法

这是指假设的问题不论是任意选取的,还是有所限定的,所涉及的都应当是与事实相反的情况,是暂时不可能的或是现实不存在的事物对象和状态。由假设推测法得出的观念可能大多是不切实际的、荒谬的、不可行的,这并不重要,重要的是有些观念在经过转换后,可以成为合理有用的思想。

二、平面思维训练

(一)平面思维的含义

平面思维是线性思维向着纵横两个方向扩张的结果。当思维定向、中心确定以后,它就要从几个方面去分析说明这个问题。当这些点并不构成空间而是处于同一平面不同方位的时候,思维就进入了平面思维。平面思维,可以从不同的方面去说明思维的中心,可以相对地实现认识某一方面的全面性。养成了这种思维习惯的人,喜欢进行横向的平面比较,横向扩大了视野,平面宽于直线,因而优于一维思维。同时,二维思维还能将横向的现实知识与纵向的历史知识结合起来进行思考。

横向思维概念与纵向思维的概念相对应。横向的也有侧面的、从旁的、至侧面的意思,故"横向思维"也可称为"侧向思维"。

以下是一些促进横向思维的方法：

对问题本身产生多种选择方案；打破定式，提出富有挑战性的假设；对头脑中冒出的新主意不要急着做是非判断；反向思考，运用与已建立的模式完全相反的思维，以产生新的思想；对他人的建议持开放态度，让一个人头脑中的主意刺激另一个人头脑里的东西，形成交叉刺激；扩大接触面，寻求随机信息刺激，以获得有益的联想和启发等。

纵向思维是指思维从不同层面切入，纵向跳跃，具有突破性、递进性的特点。具有这种思维特点的人，对事物的见解往往入木三分、一针见血，对事物动态把握的能力较强，具有预见性。

（二）点的思维、线性思维及平面思维的比较

点的思维是平面思维的开端或起点。一般来说，人们捕捉思维对象时，在确定研究方向、选择进攻点时，作为表现思维出发点或中心的思维过程，就是点的思维。点的思维又叫零维思维，它既无长度又无宽度。养成零维思维的人，容易将思维固定于某个观点或某个对象上面，不会由此及彼，不会将该点与其他相关的点联系起来，具有凝固、僵化的特点，因而往往一叶障目，在思想上表现出难以想象的主观性与片面性。

线性思维是点的思维的延伸或扩展。它有长度但无宽度，具有单一性和定向性的特征。线性思维也叫一维思维，表现为单纯的纵向的思维方式。具有这种思维方式的人喜欢进行历史模拟和单向性的回忆，注意传统的延续性、经验的有效性。而对外来的东西往往本能地抵制，对周围各种有益的意见，常常采取拒斥的态度；在实际工作中，讲话、行文常常引经据典、套话连篇，唯恐别人说自己不正统，而又特别喜欢谈及别人不正统；从事学术研究，则习惯整理、考据、疏正、解释圣人、伟人们的学说，只能沿着某个固定的方向或向前引申，或向后回溯。因此，习惯线性思维的人，虽然思维也有运动，但运动极其有限，缺乏应有的多向思考的灵活性。

线性思维可以分为正向线性思维和逆向线性思维。正向线性思维的特点是，思维从某一个点开始，沿着正向向前以线性拓展，经过一个点或是几个点，最终得到思维的正确结果，在答题中则表现为最终得到正确的

答案。逆向线性思维的特点是,思维从某一个点开始,如果沿着正向向前以线性拓展,无论经过多少个点,最终都难以达到思维的正确结果。既然正向走不通,就得向着相反的方向思考,经过一个或是几个点,从而最终得到正确的思维结果,在答题中,也就是最终得到了正确的答案。

(三)平面思维的培养与训练

平面思维是人的各种思维线条在平面上聚散交错,也就是哲学意义上的普遍联系,这种思维更具有跳跃性和广阔性,联系和想象是它的本质。我们通常所说的形象思维属于平面思维的范畴。例如什么样的东西可以做成一幅画呢?对于这个问题的回答很多人会选择纸和墨。但曾经就有一个画家用他母亲的头发做成了他母亲的头像。由此可见,这个问题不是简单的线条型的单向思维能回答的。如果我们把"画"字放在一个平面上,同所有可以想象到的名词联系起来,我们就会发现头发、石头、蝴蝶翅膀、金属、树叶、棉花……都可以用来做成精美的画。这种灵感正是用平面思维来联系和想象的一种必然结果。

联系和想象是平面思维的核心,其特点通常表现为事项之间的跳跃性连接。在这一思维的过程中,它受到逻辑的制约,反过来又常常受到联想的支持,否则思维的流程就会被堵塞。

三、立体思维训练

(一)立体思维的含义

立体思维也称多元思维、全方位思维、整体思维、空间思维或多维型思维,是指跳出点、线、面的限制,能从上下左右、四面八方去思考问题的思维方式,也就是要"立起来思考"。这种思维方法强调占领整个立体思维空间,并有纵向垂直、水平横向及交叉等全方位的思考。

(二)立体思维的三个维度

立体思维的时空观点很强。所谓时间或空间只是人们在对存在的事物的认识和理解的基础上创建的概念,大自然本身并不存在时间或空间,或者说,空间本身什么都不是。一切与时间或空间有关的概念只表示人们在了解或认识事物时所形成的各种意识的形态。

人类社会需要时间和空间,于是人们把自然事物形态的变化特点认知为时间的作用,把自然事物的变化现象认知为空间的存在。例如从人类生活的地球表面到大气层,或从大气层到外太空,甚至是从外太空到整个太阳系,这些人类认知中的空间,实质上都只是自然变化的一种现象。这些认知,表现了人们对宇宙天体的认知程度,并不是所谓的空间。

空间和时间是事物之间的一种秩序。空间用以描述物体的位形,时间用以描述事件之间的先后顺序。空间和时间的物理性质主要通过它们与物体运动的各种联系而表现出来。在狭义相对论中,不同惯性系的空间和时间之间遵从洛伦兹变换。根据这种变换,同时性不再是绝对的,相对于某一参照系为同时发生的两个事件,相对于另一参照系可能并不同时发生。在狭义相对论中,长度和时间间隔也变成相对量,运动的尺相对于静止的尺变短,运动的钟相对于静止的钟变慢。

1. 有一定的空间

人们根据自然事物呈现出的形态特征所建立的概念就是空间。世界上的万物都在一定的空间存在。立体思维就充分考虑了事物存在的空间,能跳出事物的本身,从更高的角度去观察、思考问题。

2. 有一定的时间

世界上的事物都是在一定的时间中存在的,从时间的角度去思考,往往可以使我们做今昔的对比,从而展望未来,具有超前意识。

3. 万物联系的网络

世界上的事物都不是孤立存在的,它们相互构成一定的联系。我们在事物的联系中去思考问题,就容易找出事物的本质,从而拓宽创新之路。

(三)立体思维的特征

1. 层次性

层次性是指系统在结构或功能方面的等级秩序。层次性具有多样性,可按物质的质量、能量、运动状态、空间尺度、时间顺序、组织化程度等多种标准划分。不同层次具有不同的性质和特征,既有共同的规律又各有特殊规律。要想对认识对象形成整体性的立体反映,首先就要把握或者分析认识对象的层次,包括认识对象的运动、变化或发展,经历了哪些阶段或层次,认识对象的组成结构,具有什么样的层次等。

2. 多维性

一般一维到三维是人类可见的效果,而到四维以后就不可见了,那么立体思维的多维性就是指立体思维的三维性。点运动成线,线运动成面,面运动成体。那么立体思维就是要从多方面、多角度、多侧面、多方位去考究认识对象。

3. 联系性

联系性是指立体思维中各种因素、关系、方面的制约性、过渡性和渗透性。

4. 整体性

整体性是立体地描述、反映思维对象最后完成形态的要求,是立体地认识事物的必然产物。

5. 动态性

事物总是发展变化的,那么立体思维也不能局限于某一时间和空间,要随着事物的变化而变化。

(四)立体思维的三规律与三方法

1. 立体思维的三规律

(1)诸多因素综合律。诸多因素综合律是指思维在由低级向高级发展的过程中,在将点、线、面的思维上升为立体思维的过程中,必须动用多种观察工具、多种思维形式,把思维对象的各个方面、各种因素综合为一个整体,方能形成整体的思维。

(2)纵横因素交织律。纵横因素交织律是指在纵的分析与横的分析的基础上,使二者交织成一个有机整体。纵的分析是对认识对象进行历史的分析;横的分析是对思维对象运动全过程中内在矛盾和外在矛盾的各个方面的分析,分析各个矛盾在各个发展阶段上(层次上)的特征和联系。

（3）各层次、因素、方面贯通律。各层次、因素、方面贯通律是指在立体思维的过程中，从问题的提出到问题的展开，必须按照思维自身和事物自身的层次、环节、阶段或结构将其内容有条不紊地安排或组织起来，充分体现出立体思维的有序性。这是思维对象和思维自身具有的结构层次和发展层次在人的思维中的反映。

2. 立体思维的三方法

（1）整体性思考方法。整体性思考方法是指以诸多因素综合律为依据的整体性思维方法。在立体思维的过程中，其根本宗旨和最后归宿就是要全面把握、反映思维对象的整体，运用整体性的思考方法，可以把看起来是零碎的、没有联系的东西组成互相联系的整体。

（2）系统性的方法。系统性的方法是指以各层次、因素、方面贯通律为依据的思维方法。在运用这种方法的过程中，要注意层次或顺序，或是从小系统到大系统逐级进行，或是从大系统到小系统逐级进行，不能越级，否则，就可能出现错误。

（3）结构分析方法。结构分析方法是指以纵横因素交织律为依据的思维方法。立体思维必须了解整体或系统中各组成部分处于什么位置，各起着何种作用，应当如何组合、排列等。这样，立体思维既可把握事物的整体，又可把握构成这个整体的内在机制，了解这个整体结构的性质。

四、逻辑思维训练

（一）逻辑思维的含义

逻辑思维又称为理论思维、抽象思维，是指人们在认识过程中借助概念、判断、推理等思维形式能动地反映客观现实的理性认识过程。它是作为对认识者的思维及其结构及起作用的规律的分析而产生和发展起来的，是人的认识的高级阶段，即理性认识阶段。逻辑思维是一种确定的而不是模棱两可的，前后一贯的而不是自相矛盾的，有条理、有根据的思维。在逻辑思维中，要用到概念、判断、推理等思维形式和比较、分析、综合、抽象、概括等方法，而掌握和运用这些思维形式和方法的程度，也就是逻辑思维的能力。

　　逻辑思维要遵循逻辑规律,这主要是形式逻辑的同一律、矛盾律、排中律、辩证逻辑的对立统一、质量互变、否定之否定等规律,违背这些规律,就会导致认识上的混乱和错误,继而在思维上发生偷换概念、偷换论题、自相矛盾、形而上学等逻辑错误。

(二)逻辑思维的特点

1.逻辑思维的规范性

　　规范性是指凡是有人群的地方,每个人的一言一行、一举一动都有一定的规矩和标准。在管理学上,规范性是指一个企业从筹建、运行到分立、撤并,从运行中的物质供应、生产制造到产品销售,每个环节、每个步骤、每个流程、每个岗位都有一定的规矩和标准。规范性强调的是有规矩和标准,逻辑思维恰恰是遵循规矩和标准的过程。不论是概念的起点,还是判断的发展,以及最后的推理,都是有科学方法可依、层层递进的思维过程。逻辑思维关注目标,沿着思维发展的脉络,推演出应采取的措施或行为。

2.逻辑思维的严密性

　　严密是指事物之间结合得紧密,没有空隙;或者是考虑很周到,没有疏漏。逻辑思维的严密性即指在逻辑推理过程中,由于建立在概念和判断的基础上,推出的最终结论是紧密的,是不会出现逻辑上的错误的。

3.逻辑思维的确定性

　　确定通常有这几种词义:固定、明确肯定、坚定、必然、确实无疑、表示坚决等。那么确定性则是相对不确定性而言的,是指事先就能准确知道某个事件或某种决策的结果,或者说,事件或决策的可能结果只有一种,不会产生其他结果。

　　逻辑思维推导出的结论就是确定的,不存在模棱两可的情形。

4.逻辑思维的可重复性

　　重复性是指用同一方法在正常和正确操作情况下,由同一操作人员,在同一实验室内,使用同一仪器,并在短期内对相同样本做多个单次测试,在95％的概率水平下得出两个独立测试结果的最大差值。逻辑思维的可重复性,即指同一个人在同样的假设或已知条件下运用同样的逻辑思维过程,最终推导出的结论是相同的。

(三)逻辑思维的作用

1.逻辑思维的一般作用

首先是有助于我们正确认识客观事物;其次是可以使我们通过揭露逻辑错误来发现和纠正谬误;再次是能帮助我们更好地去学习知识;最后是有助于我们准确地表达思想。

2.逻辑思维在创新中的积极作用

发现问题,直接创新,筛选设想,评价成果,推广应用,总结提高。

(四)逻辑思维的形式

1.形式逻辑

形式逻辑又叫普通逻辑,也是我们平常说的逻辑,是指抛开具体的思维内容,仅从形式结构上研究概念、判断、推理及其联系的逻辑体系。

2.数理逻辑

数理逻辑是在普通逻辑(形式逻辑)的基础上发展起来的新的逻辑分支学科。数理逻辑在深度和广度上推进了传统逻辑,使它更加精确和严密。由于数理逻辑使用了数学的语言和符号,揭示了事物和事物之间的数量关系,不仅深化了传统自然科学学科的研究,而且对计算机科学、控制技术、信息科学、生物科学等学科的发展有着重要的意义。

3.辩证逻辑

辩证逻辑就是按照辩证唯物主义哲学对客观世界的认识方法和思维方式去认识世界的逻辑体系。列宁说过,辩证逻辑不是关于思维的外在形式的学说,而是关于一切物质的、自然的和精神的事物的发展规律的学说,即关于世界的全部具体内容及对它的认识的发展规律的学说。

(五)逻辑思维的方法与训练

1.演绎推理法

演绎推理就是由一般性前提到个别性结论的推理。按照一定的目标,运用演绎推理的思维方法,取得新颖性结论的过程,就是演绎推理法。

例如一切化学元素在一定条件下都会发生化学反应。惰性气体是化学元素,所以,惰性气体在一定条件下确实能够发生化学反应。这里运用的就是演绎推理法。

演绎推理的主要形式是三段论法。三段论法就是从两个判断中得出第三个判断的一种推理方法。上面的例子就包含了三个判断。第一个判断是一切化学元素在一定条件下都会发生化学反应,提供了一般的原则,叫作三段论的大前提;第二个判断是惰性气体是化学元素,指出了一种特殊情况,叫作三段论的小前提;根据这两个判断,说明一般原则和特殊情况间的联系,因而得出第三个判断:"惰性气体在一定条件下确实能够发生化学反应"。

只要作为前提的判断是正确的,中间的推理形式是合乎逻辑规则的,那么必然能够推出"隐藏"在前提中的知识。而且由于我们常常为了某种实际需要才做这种推理,其结论很可能具有应用价值。这样演绎推理的结论就可能既具有新颖性又具有实用性。

2. 归纳推理法

(1)完全归纳推理。从一般性较小的知识推出一般性较大的知识的推理,就是归纳推理。在许多情况下,运用归纳推理可以得到新的知识。按照一定的目标,运用归纳推理的思维方法,取得新颖性结果的过程,就是完全归纳推理法。

(2)简单枚举归纳推理。简单枚举归纳推理是列举某类事物中一部分对象的情况,根据没有遇到矛盾的情况,便作出关于这一类事物的一般性结论的推理。

在它的结论的基础上,可以继续研究,如果证明是正确的,就得到了新的知识;即使证明是错误的,也从另一方面给了我们新的知识。

(3)科学归纳推理。科学归纳推理是列举某类事物一部分的情况,并分析出制约此情况的原因,以此结果为根据,从而总结出这一类事物的一般性结论的推理方法。

3. 实验法

实验是为了某一目的,人为地安排现象发生的过程,据此研究自然规律的实践活动。实验的特点是必须能重复,能够在相同条件下重复地做同一个实验,并产生相同的结果,这是一个实验成功的标志,不能重复的实验就不是成功的实验,其结果就没有可信度,就不能作为科学依据。

实验法研究有诸多优点,比如可以纯化研究对象;可以人为地再现自然现象;可以改变现象的自然状态;可以加速或延缓对象的变化速度;还可以节约费用,减少损失。

4.比较研究法

比较研究法简称比较法,是指通过两个或两个以上对象的相同点和差异来获得新知识的方法。

在比较研究法中,主要起作用的还是逻辑思维中的演绎推理、归纳推理和类比推理,所以,比较研究法是运用逻辑思维进行创新的一种方法。比较可以是空间上的横向比较,也可以是时间上的纵向比较,还可以是直接比较和间接比较。

通过比较研究,可以鉴定真伪,区分优劣;明察秋毫,解决难题;确定未知,发现新知;取长补短,综合改进;追踪索骥,建立序列。

5.证伪法

根据形式逻辑中的矛盾律,在同一时间、同一关系上,不能对同一对象作出不同的断定。用一个公式来表示:A 不能在同一时间、同一关系上是 B 又不是 B。

根据形式逻辑中的排中律,在同一时间、同一关系上,对同一事物两个相互矛盾的论断必须作出明确的选择,即必须肯定其中的一个。用一个公式来表示:A 或者 B,或者不是 B,二者必选其一,不可能有第三种选择。

根据以上两个规律,运用逻辑思维方法,可以在证明一个结论是错误的同时,证明另一个结论是正确的。用这种方法来取得正确答案的方法,就是反证法或证伪法。在许多情况下,证伪法可以帮助我们解决疑难问题,取得创新成果。

五、逆向思维训练

(一)逆向思维的含义

逆向思维也称为求异思维,它是对司空见惯的事物,已成定论的事物或观点反过来思考的一种思维方式。

(二)逆向思维的特点

1.普遍性

逆向思维在各种领域、各种活动中都适用,由于对立统一规律是普遍适用的,而对立统一的形式又是多种多样的,有一种对立统一的形式,相应地就有一种逆向思维的角度,所以,逆向思维也有多种形式。例如性质上对立两极的转换,如软与硬、高与低等;结构、位置上的互换、颠倒,如上与下、左与右等;过程上的逆转,如气态变液态或液态变气态、电转为磁或磁转为电等。不论哪种方式,只要从一个方面想到与之对立的另一方面,都是逆向思维。

2.批判性

逆向是与正向比较而言的,正向是指常规的、常识的、公认的或习惯的想法与做法。逆向思维则恰恰相反,是对传统、惯例、常识的反叛,是对常规的挑战。它能够克服思维定式,破除由经验和习惯造成的僵化的认识模式。

3.新颖性

循规蹈矩的思维和按传统方式解决问题的思维,虽然简单,但容易使思路僵化、刻板,摆脱不掉习惯的束缚,得到的往往是一些司空见惯的答案。其实,任何事物都具有多方面的属性。由于受过去经验的影响,人们容易看到熟悉的一面,而对另一面却视而不见。逆向思维能克服这一障碍,往往能出人意料,给人以耳目一新的感觉。

(三)逆向思维的原则

1.敢想敢说勇于创新的原则

学会逆向思维,敢于提出与众不同的见解,敢于破除习惯的思维方式和旧的传统观念的束缚,跳出因循守旧、墨守成规的老框框,大胆设想,发前人之未发,化腐朽为神奇,标新立异。

2.遵循规律避免极端的原则

逆向思维应在一定的语言环境或特定的社会背景中进行,只有严格遵循客观规律,准确把握事物的本质,才能避免从一个极端走向另一个极端。如"螳臂当车",贬抑螳螂已成共识,若想褒扬它,想借此改变人们的传统观念,人们将难以赞同。

3.尊重科学不伤感情的原则

"逆向"虽具有普遍性,但那些违反科学道理,有悖于人们共识和伤害人感情的"逆向",都是不可取的。

(四)逆向思维的训练方法

1.反转型逆向思维法

反转型逆向思维法是指从已知事物的相反方向进行思考,找到发明构思的途径。而从"事物的相反方向"思考常常指从事物的功能、结构和因果关系三个方面进行反向思维。

2.转换型逆向思维法

转换型逆向思维法是指在研究一个问题时,由于解决某一问题的手段受阻,而转换成另一种手段,或转换思考角度,以使问题顺利解决的思维方法。如历史上被传为佳话的司马光砸缸救落水儿童的故事,实质上就是一个用转换型逆向思维法的例子。由于司马光不能通过爬进缸中救人的手段解决问题,因而他就转换为另一手段——破缸救人,进而顺利地解决了问题。

3.缺点逆用思维法

缺点逆用思维法是指利用事物的缺点,将缺点变为可利用的东西,化被动为主动、化不利为有利的思维方法。这种方法并不以克服事物的缺点为目的,相反,它是将缺点化弊为利,找到解决方法。例如金属会被腐蚀是一件坏事,但人们利用金属腐蚀原理进行金属粉末的生产,或进行电镀等,就是缺点逆用思维法的一种应用。

创新创业实践篇

第三章　创新商业模式

第一节　商业模式概述

在激烈的市场竞争中,越来越多的企业高层管理者们清醒地认识到:每个强大的公司背后都有一套行之有效且独具特色的商业模式,这正是这些公司在市场竞争中取得优势地位的关键。一种好的商业模式很可能成为企业在激烈的市场竞争中克敌制胜、基业长青的法宝。对企业的成功而言,商业模式创新比产品和服务创新显得更为重要。

一、商业模式的内涵

企业要想深入研究、构建和创新商业模式,首先必须准确界定商业模式的本质内涵。正确理解和把握商业模式的科学内涵是企业找到适合自身特点的商业模式的关键,也是提高企业核心竞争力和可持续发展能力的前提和基础。

商业模式也被称为商务模式、经营模式或业务模式。商业模式的定义可分为三类,即经济类、运营类、战略类。

经济类定义将商业模式看作是企业的经济模式,是指"如何赚钱"的逻辑,相关变量包括收益来源、定价方法、成本结构和利润等。商业模式是企业能够获得并保持其收益流的逻辑陈述。商业模式的最根本内涵是企业为了自我维持、赚取利润而经营商业的方法,进而清楚地说明企业如何在价值链(价值系统)上进行定位,获取利润。

运营类定义关注企业内部流程及基本构造问题,相关变量包括产品或服务交付方式、管理流程、资源流、知识管理等,重点在于解释企业通过何种内部流程和基本构造设计来创造价值。商业模式是一个组织在明确外部假设条件、内部资源和能力的前提下,用于整合组织本身、顾客、供应链伙伴、员工、股东或利益相关者来获取超额利润的一种战略创新意图、可实现的结构体系及制度安排的集合。

战略类定义关注企业的战略、市场定位、组织边界、竞争优势及其可持续性,相关变量包括价值创造、差异化、愿景和网络等。商业模式是对企业及其合作伙伴为获得可持续的收入流,创造目标顾客群体架构、营销、传递价值和关系资本的描述。

国内研究学者原磊在莫里斯的分类观点基础上,增加了整合类研究视角。他认为,商业模式不应当仅仅是对企业经济模式和运营结构的简单描述,也不应该是企业不同战略的简单加和,而是要超越这些孤立和片面的描述,从整体上和经济逻辑、运营结构与战略方向三者之间的协同关系上说明企业商业系统运行的本质。例如莫里斯等在考察众多商业模式定义的基础上,给商业模式下了一个整合定义:商业模式是一种简单的陈述,旨在说明企业如何对经济逻辑、运营结构和战略方向等方面一系列具有内部关联性的变量进行定位和整合,以便在特定的市场上建立竞争优势。

二、商业模式的本质

价值的创造和实现是企业活动的核心,也是企业商业模式的核心。商业模式本质上是企业的价值创造和价值实现的平衡过程,而价值创造和价值实现离不开顾客、伙伴和社会等影响因素。每个企业努力构建符合自身特点的价值网络,从而把它打造成企业有价值、稀缺、不可模仿和不可替代的资源,不断创造出可持续的竞争优势。因此,我们应当从客户价值、伙伴价值、企业价值和社会价值四个视角来研究企业的商业模式。另外,从层次上看,客户价值、伙伴价值、企业价值和社会价值四者处在价值网络中的不同层次。客户价值是前提,只有实现客户价值,企业才能生存和发展;伙伴价值是支撑,没有合作伙伴的支持和帮助,企业将寸步难行;企业价值是目标,企业获得利润,才有动机和能力持续发展;社会价值是保证,企业也是社会中的一员,应该承担相应社会责任,才能实现长远发展。

三、商业模式的特点

虽然各种理论对商业模式的定义还无法达成共识,但对于成功的商业模式特点的认识较为一致。普遍认为,成功的商业模式具有如下共同特点:

(一)差异性与难以模仿性

成功的商业模式具有明显的差异性和难以模仿性。每个企业因环境、资源、定位、产品或服务、目标群体等因素,造成其商业模式存在差异性。成功的企业往往善于根据环境、资源、自身特点等因素来构建符合自身发展要求又与竞争对手保持距离的商业模式。

这让竞争对手难以在短时间内复制、模仿和超越,从而能够帮助企业形成独特的、难以被竞争对手所模仿的竞争能力。

(二)前瞻性

商业模式的前瞻性要求企业决策者在构建商业模式时要把眼光放得长远,要有敏锐的洞察力和预见性,提前谋划,赢得主动,这一点对创业者至关重要。很多富有激情的创业者以为只要把产品或服务做好就可以创业成功,并没有认真考虑和设计符合自身定位和特点的商业模式,当碰到相应问题、处处碰壁、企业发展陷入停滞时,才发现商业模式的重要性,这在无形中浪费了大量宝贵的资源和时间。因此,企业决策者特别是初创者应该高度重视商业模式,认真筹划做好前期工作,未雨绸缪,不能等到出现问题时才想起要构建商业模式。

(三)有效性

商业模式的有效性要求商业模式中价值创造和价值回收这两大环节能够实现高效运转和平衡。一方面,能够较好地识别并满足客户需求,做到让客户满意,不断挖掘并提升客户的价值;另一方面,能够提高自身、合作伙伴和社会的价值,创造良好的经济社会效益。同时,能够有效地平衡企业、客户、合作伙伴、竞争者和社会之间的关系,既要关注客户,又要企业盈利,还要比竞争对手更好地满足市场需求。

(四)系统性

商业模式是一个由多种环节和因素构成的系统工程。在这个系统中各个因素相互联系、相互影响、相互作用,共同形成一个统一的有机整体。戴尔的直销模式之所以成功,其重要原因之一是戴尔具有低于四天的存货周转期,这种高周转率直接带来了低资金占用率和低成本效益,使得戴尔的产品价格低,具有竞争对手不可比拟的优势。戴尔的低库存、高周转率正是来自其核心生态系统内采购、产品设计、订货和存货管理、制造商及服务支持等一系列生态链中相关活动的整体联动所产生的协同作用,这是其核心竞争力所在。

(五)动态适应性

商业模式是一个动态的概念。也就是说,商业模式不是一成不变的,它可以随着企业的发展而发生变化。当企业的资源、行业地位等发生变化时,商业模式可以进行更新和调整。好的商业模式必须始终保持必要的灵活性和应变能力,企业具有动态匹配的商业模式才能获得成功。为了保持竞争性,企业需要不断开发和调整其商业模式以适应企业的新发展和新要求。

四、构建商业模式的意义

第一,构建商业模式有助于企业全面、系统地思考价值创造与价值回收的问题,为企业家系统地思考本企业的经营问题提供了一种有效的战略分析工具。

商业模式不仅审视企业自身内部环境,还着眼处理企业与外部环境之间的关系,侧重描绘企业的价值创造、传递和回收方式。商业模式不仅有助于企业明确自己与其他企业之间的分工和联系,还有助于企业从中识别和确定关键的资源和流程。因此,企业不仅可以通过商业模式来界定自己的业务或经营边界,而且还能把价值创造与价值回收机制进行高效平衡,从而明确自身的核心优势,从更加宏观的视角来观察和发现自己的优势和劣势,能更容易发现自身存在的战略问题。

第二,构建商业模式有助于提高企业的核心竞争力,增强企业的可持续发展能力。

企业要想实现可持续发展,提高核心竞争力是关键。核心竞争力是一个企业长期获得竞争优势的能力,是企业所特有、能够经得起时间考验、具有一定排他性并且是竞争对手难以模仿的能力。企业通过核心竞争力来支持自身的竞争优势,再通过竞争优势来确保自身的可持续发展。商业模式最重要的价值就是将企业内部资源、能力和外部环境同时纳入企业持续、健康成长的框架。企业要想在竞争中战胜竞争对手,就必须建立具有差异性、创造性的商业模式,从而提高企业的核心竞争力。商业模式通过构建具有差异性和难以模仿的流程、模式和机制提高企业抵御风险的能力,增强企业应对未来竞争和挑战的能力,从而增强企业可持续发展的能力。

第三,构建商业模式有助于提高创业成功率。

创业者往往过于注重产品技术研发,而忽略了商业模式的重要性。大多数创业者一旦发现创业机会,就迫不及待地去进行产品技术研发,结果常以失败而告终。其实,创业失败的原因并不是创业者工作不努力或机会不好,而是创业者没有认真思考如何构建自己的商业模式,没能把握好创业机会的内在经济逻辑。创业者一味地注意价值创造因素,重视满足顾客需求和解决实际问题,但忽视了同样重要的价值回收、忽视了可行性分析,这已成为许多企业失败的主要原因。初创企业利用商业模式可以更加全面地对创业活动进行思考,能有效避免匆忙创业造成的失误,从而提高创业成功率。

第二节　经典商业模式类型

一、非绑定式商业模式

非绑定式商业模式认为企业是由具有不同经济驱动因素、竞争驱动因素和文化驱动因素等完全不同类型的业务组成的,可分为客户关系型业务、产品创新型业务、基础设施型业务。企业应该专注于以下三种信条之一:卓越经营、产品领先或亲近客户。客户关系型业务的职责是寻找和获取客户并为他们建立关系;产品创新型业务的职责是开发新的和有吸引力的产品和服务;而基础设施型业务的职责是构建和管理平台,以支持大量重复性的工作。企业应该将这三种业务分离,并聚焦于这三种业务类型之一。因为每一种业务类型都是由不同因素所驱动的,在同一个组织中,这些业务类型可能彼此之间冲突或产生不利的权衡妥协。

二、长尾式商业模式

长尾式商业模式的核心是多样少量:它们专注于为利基市场提供大量产品,每种产品相对而言卖得都少。利基产品的销售总额可以与凭借少量畅销产品产生绝大多数销售额的传统模式相媲美。长尾式商业模式需要低库存成本和强大的平台,并使得利基产品对于兴趣买家来说更容易获得。

有三个经济触发因素在媒体行业引发了这种现象:

(一)生产工具的大众化

不断降低的技术成本使得个人可以接触到在几年前还很昂贵的工具。如果有兴趣,任何人现在都可以录制唱片、拍摄小电影或者设计简单的软件。

(二)分销渠道的大众化

互联网使得数字化的内容成为商品,且能以极低的库存、沟通成本和交易费用为利基产品开拓新市场。

(三)连接供需双方的搜索成本不断下降

销售利基内容真正的挑战是找到感兴趣的潜在买家。现在强大的搜索和推荐引擎、用户评分和兴趣社区,已经让这些容易得多了。

三、多边平台式商业模式

多边平台被经济学家称为多边市场,是一个重要的商业现象。这种现象已经存在了很长时间,但是随着信息技术的发展,这种平台得以迅速兴起。多边平台是将两个或者更多有明显区别但又相互依赖的客户群体集合在一起的平台。它们作为连接这些客户群体的中介来创造价值。例如信用卡连接了商家和持卡人;计算机操作系统连接了硬件生产商、应用开发商和用户;报纸连接了读者和广告主;家用视频游戏机连接了游戏开发商和游戏玩家。这里的关键是多边平台必须能同时吸引和服务所有的客户群体并以此来创造价值。也就是说,多边平台将两个或者更多有明显区别但又相互依赖的客户群体集合在一起。只有相关客户群体同时存在的时候,这样的平台才具有价值。因此,多边平台通过促进各方客户群体之间的互动来创造价值。

多边平台的运营商最主要的成本是运营费用,但是他们经常会通过为一个群体提供低价甚至免费的服务来吸引这个群体,并依靠这个群体来吸引与之相对的另一个群体。多边平台的运营商所面临的困难是选择哪个群体,以及以什么价格来吸引他们。

多边平台的运营商必须问自己四个关键问题:我们能否为平台各边吸引到足够数量的客户?哪边(客户)对价格更加敏感?能够通过补贴吸引价格敏感一边的用户吗?平台另一边是否可以产生充足的收入来支付这些补贴?

四、免费式商业模式

在免费式商业模式中,至少有一个庞大的客户细分群体可以享受持续的免费服务。免费服务可以来自多种模式,通过该商业模式的其他部分或其他客户细分群体,给非付费客户细分群体提供财务支持。免费式商业模式又可以分为三种类型:

(一)免费增收商业模式:基础免费,增值收费

免费增收主要代表了基于网络的商业模式,混合了免费的基础服务和收费的增值服务。免费增收商业模式中有大量基础用户受益于没有任何附加条件的免费产品或服务。大部分免费用户永远不会变成付费客户;只有一小部分,通常不超过所有用户的10%的用户会订阅收费的增

值服务。这一小部分付费用户群体所支付的费用将用来补贴免费用户。但只有在服务额外免费用户的边际成本极低的时候这种模式才成为可能。

在免费增收商业模式中,关键的指标是为单位用户提供免费服务的成本和免费用户变成付费用户的转化率。

(二)诱钓模式

诱钓模式指的是通过廉价的、有吸引力的甚至是免费的初始产品或服务来促进相关产品的重复购买。

这种模式也被称为"亏损特价品"或者"剃刀与刀片"模式。"亏损特价品"指的是最初补贴甚至亏本提供商品,目的是使客户购买后续能产生利润的产品或服务。移动通信行业提供了一个使用免费产品的诱钓模式的好案例。现在,移动网络运营商提供绑定订阅服务的免费手机已经是标准的做法了。运营商起初赔钱赠送手机,但他们很容易通过后续按月服务费弥补损失。运营商以免费产品提供瞬间愉悦,随后产生经常性收入。

这种模式在商界很流行,并已被应用在许多行业,包括免费刀架所带来的刀片销售及免费打印机带来的墨盒销售。

(三)三方市场

经济学家把这种模式称为"双边市场":由第三方付费来参与前两方之间的免费商品交换。三方市场的一个典型例子就是电视媒体:电视媒体负责向观众免费播放新闻、娱乐节目及广告,而广告发布商向电视媒体支付广告费,广告产生了较好的效应可以扩大自己的产品或者服务的销量,最终弥补了广告费;电视媒体运营商用广告费收入来弥补运营成本并获得利润。观众虽然免费收看了电视节目,但是只要观众中有极小的一部分人在观看广告后购买了广告发布商的产品,那么广告发布商就能获取广告效用的回报。

五、开放式商业模式

开放式商业模式可以用于那些通过与外部伙伴系统性合作来创造和

捕捉价值的企业。这种模式可以是"由外到内",将外部的创意引入到企业内部,也可以是"由内到外",将企业内部闲置的创意和资产提供给外部伙伴。

开放式商业模式要求企业为了最大化商业价值,从而打破组织的界限,整合企业利益相关者的所有知识和资源(创意、技术等),企业内部的产品、技术、知识和智力资产可以通过授权、合资或拆分的方式向外部伙伴开放并变现,从而增强企业的价值创造和利益。

第三节　创新商业模式开发与设计

一、商业模式的内涵及其内在结构

想要利用机会起步创业,创业者必须去构思有效的商业模式。

(一)商业模式的内涵

商业模式,即企业实施相关商业活动的一套逻辑化的方式方法,以将原本做不成的事情做成,将原本做不好的事情做好,只有这样,企业才能获得相应的利润。

商业模式本质上是企业为客户创造并传递价值,使客户感受并享受到企业为其创造的价值的系统逻辑,反映的是利益相关者之间的交易关系。新创企业如果缺少这套逻辑,或者是构思的商业模式效力不足或效率不高,则新创企业未来既难以为客户创造价值,也难以向客户传递价值,更难以为新创企业自身赢得利润,因为客户只乐于给那些为客户有效创造并传递价值的企业投出自己的"货币选票"。

(二)商业模式的内在结构

既然商业模式本质上是企业为客户创造并传递价值,使客户感受并享受到企业为其创造的价值的系统逻辑,那就有一个结构问题,即基本要素和要素间的连接关系。基于这一认识,研究商业模式的不少学界同仁基于自身的研究,给出了关于商业模式内在要素的诸多解释。

例如 Viscio 认为,商业模式是由核心业务、管制、业务单位、服务、连接五者构成的。Timmers 认为,商业模式是由产品/服务、信息流结构、参与主体利益、收入来源四者及其联系构成的。Donath 认为,商业模式是由顾客理解、市场战术、公司管理内部网络化能力、外部网络化能力四者及其联系构成的。Hame 认为,商业模式是由核心战略、战略资源、价值网、顾客界面四者及其联系构成的。

但客观地看,商业模式最为基本的是由四类要素及其联系构成的:一是价值体现,即企业拟为客户创造并传递的价值;二是价值创造方式;三是价值传递方式;四是企业盈利方式。其中,价值体现的是基础,新创企业如果不能发现客户所需要的价值,那就不能为客户创造出他们所需要的价值。

二、商业模式设计和开发的特点

(一)商业模式设计的目的是把做不成的事变为可以做成的事

创业本身就是要将他人或自己此前做不成的商业,转变为自己可以做成的商业,这首先要靠商业模式的设计来实现。商业模式设计是创业机会开发的重要环节。在有创业机会的情况下,如果创业者设计、开发不出可行的商业模式,则资源获取及整合就无明确的方向,更谈不上起步创业之后的事情,且多会陷入盲目创业的绝境。基于此,创业者一旦发现了有价值的创业机会,则必须着力设计、开发创业所需的商业模式。

(二)理想的商业模式设计至少有两个特征

创业者之所以创业,最为基本的动因就是要赚取利润;而要赚取利润,可行的商业模式是基础。理想的商业模式设计至少应有两个特征:一是短期来看,理想的商业模式应有助于新创企业尽快实现正的现金流;二是长期来看,理想的商业模式应有助于新创企业把尽可能少的资源做成尽可能大的商业,从而使整个创业活动为创业者带来最大化的利润。创业是循序渐进的过程,特定的创业活动若能给创业者带来最大化的利润,也将开始一个循序渐进的过程。由此,某种商业模式未来若能为新创企业带来最大化的利润,则它首先应能尽快地为新创企业实现正的现金流。但需要说明的是,短期内能使新创企业实现正的现金流的商业模式,并不一定就是未来能使新创企业利润最大化的商业模式,这主要是因为利润最大化的实现是由更多因素决定的。

(三)商业模式设计是一个反复试错、修正的过程

商业模式本质上是企业为客户创造并传递价值,使客户感受并享受到企业为其创造的价值的系统的商业逻辑。如前所述,商业模式最为基本的是由四类要素及其联系构成的。故对创业者而言,针对特定的创业活动,要设计出理想的商业模式,并不能一蹴而就,而是需要反复试错和修正。首先需要分别设计每类要素;其次要使四类要素处于相互协调匹配的状态。只有当四类要素分别是可行的,且四者达到协调匹配状态时,这样的商业模式才可能是较为理想的商业模式。

(四)商业模式开发是企业战略设计的基础

创业不但要有理想的商业模式,还要有持续努力的总体战略。商业模式决定创业能否得以启动与实施,战略则决定创业能否持续,决定新创企业未来能否可持续地成长。就二者的关系而言,商业模式通常先于战略,是战略生成的基础,战略则是新创企业在商业模式基础上对于自己长期拟走道路的选择。因此,创业者要为新创企业设计理性的战略,首先需要开发、设计理想的商业模式。否则,所设计的战略即成为无根之树,自然难以具体实施。

三、商业模式设计的过程与评价

(一)过程:由顶层设计到递阶协调

商业模式最为基本的是由四类要素及其联系构成的。要设计出可以具体付诸实施的商业模式,则有一个由顶层设计到递阶协调的过程。

(1)商业模式的顶层设计。商业模式的四类要素就是商业模式的顶层要素,故商业模式的顶层设计就是要设计这四类要素及其联系。其中,第一,价值体现,即创业者希望通过自己未来的商业活动为目标客户提供什么样的价值;第二,价值创造方式,即创业者准备以怎样的方式方法和途径开发、生产出自己拟给目标客户提供的价值;第三,价值传递方式,即创业者准备以怎样的方式方法和途径将所开发的价值提供给目标客户;

第四,企业盈利方式,即创业者在给目标客户创造并传递价值的同时,拟以怎样的方式方法和途径来使自己获得利润。明确了这四者及其联系,创业者才可能依次细化商业模式的次一级要素及其联系。

(2)商业模式四类要素的具体化。通常,价值体现可以具体化为创业者拟为客户提供的功能,包括最终的产品或服务。功能更多是指产品的效用,即拟向用户提供的功能,在此基础上才可构想出具体的产品或服务。基于拟为客户创造的价值,新创企业需要开发和生产价值的方式方法和途径,这通常要结合具体产品或服务的具体特点来开发。例如如果具体产品为计算机软件产品,那就要从软件开发的相关规律来思考具体的价值创造方式;如果具体产品为计算机硬件产品,那就要从硬件开发的相关规律来思考具体的价值创造方式。至于价值传递方式,更多是指产品营销的方式方法和途径,具体包括产品推广销售、客户服务等方面的相关手段、措施及渠道等。而企业盈利方式,也需要结合价值创造方式、价值传递方式、企业与客户的交易关系、可能的市场竞争方式及态势(如市场结构)来具体设计。

(3)商业模式设计的具体流程。在前述商业模式设计的过程中,由顶层设计到具体化设计,再到组织化设计,是一个循序渐进、递阶而为的过程。创业者只有循序渐进、逐级细化,才可能设计出客观可行的、理想的商业模式。

(二)评价:有效性的评价准则

商业模式设计得是否理想,通常需要从三个角度进行评价。实施这一评价的目的就在于确保实施相应的商业模式后能真正达到期望的效果。

(1)客户价值实现的程度。创业者所设计的商业模式是否合理,首先要审视该模式对于创业团队所构想的"价值体现"的实现程度,即该商业模式能够在多大程度上实现创业团队原本拟为客户创造并传递的价值。而要回答这一问题,创业者一是需要评价该商业模式可能为客户创造并传递的价值是不是原本拟创造的价值。例如创业者原本打算为客户创造"节能"的价值,但通过所设计的商业模式,是不是真的就能帮助客户节能。二是需要评价该商业模式实现拟定价值的程度。如果所设计的商业模式能够为客户提供"节能"的价值,则还需要进一步评价该商业模式能够为客户"节能"的程度大小。

(2)客户价值实现的可靠性。多数商业活动都存在风险,这就有了特定商业活动实现其价值的可靠性问题。相应地,创业者借助所设计的商业模式为客户提供价值,也存在可靠性问题。由此,创业者在设计特定商业模式之后,也需要评价其能够为客户提供特定价值的可靠性,即评价该商业模式能够在多大程度上为客户可靠地提供拟定的价值。显然,只有那些能够可靠地为客户创造拟定价值的商业模式,才是可取的。商业模式的可靠性评价,一定程度上也就是商业模式的风险评价。相应地,既需要搞清特定商业模式的系统风险和非系统风险,还需要搞清各种具体风险的程度大小;只有搞清了各种可能的风险,才能称为对特定商业模式的可靠性进行了较为充分的评价。

(3)客户价值实现的效率。在估计特定商业模式能够较为可靠地为客户提供拟定的价值后,还需要进一步关注该商业模式为客户创造与传递价值的效率。在商业模式的顶层要素中,价值创造方式和价值传递方式二者共同决定客户价值的实现效率,故创业者评价客户价值的实现效率,一是需要评价特定商业模式为客户创造价值的效率;二是需要评价特定商业模式为客户传递价值的效率。而最终效率的形成,则是价值创造和价值传递两个效率的"乘积",而不是两个效率的"相加"。换言之,只有特定商业模式的价值创造效率和价值传递效率都很高时,创业者才可能以较高的效率为客户提供价值;反之,如果其中任何一个环节的效率较低,都可能降低创业者为客户提供价值的效率。

第四章 "互联网＋"时代的创新创业实践

第一节 "互联网＋"时代创新创业的特点

在过去的几年中,我国大力鼓励大学生走上创业之路,希望他们能够结合自己的实际情况,为自己的人生创造更大的价值。在当前的"互联网＋"背景下,大学生创业活动呈现出新的趋势,这主要体现在五个关键领域。

一、创业机会更多

随着移动互联网的强劲发展,人们的生活状态已经发生了巨大的变化,互联网技术深深地融进了社会经济生活的方方面面,解决了传统日常生活中衣、食、住、行、游、购、娱、学等诸多问题,也创造了更多的就业创业机会。

二、创业平台更大

"互联网＋"的经济模式已逐渐成为我国社会经济发展的新趋势。互联网与各种行业的深度结合为人们的日常生活带来了翻天覆地的变化,因此,越来越多的人开始认识到互联网平台的巨大潜力。例如利用互联网作为交易平台的各种购物软件,不仅有助于减少传统贸易中的中间环节成本,还能实现跨区域的无障碍交易。"互联网＋"的经济策略充分利用了网络市场的全球化、增长潜力和个性化特点,将众多的小型市场整合为一个庞大的市场,并将产品和服务的信息传播到全球各地,让人们在家中就能轻松体验"互联网＋"所带来的各种便利。

三、创业环境更平等

互联网是一个开放的平台,它消除了时间、地点和身份等多方面的不平等因素。因此,公众在网络上发布和接收信息的权利是平等的,不会因为求职或创业所需的社会成本的不同而对最终结果产生影响。在传统的观念里,女性通常被视为在就业和创业方面处于劣势,但这种状况正在逐渐得到改善。相关的统计数据表明,网上的卖家中,超过一半是女性,特别是在女性用品,如女装和饰品的频道中,女性店主所占的比重更大。因此,在"互联网+"的时代背景下,不论是男性还是女性,他们都将享有更为公平的创业机遇。

四、创业政策更支持

为了更有效地促进大学生的创业活动,政府相关部门已经简化了针对大学生创业的审批流程,并对创业所需的注册资金和场地限制进行了放宽。除此之外,为了提高大学生创业的成功率,政府也在不断地实施各种优惠措施,针对他们在创业过程中可能遇到的各种问题,给予个性化的支持和帮助。例如为大学生提供创业税务优惠和减少创业的行政费用,可以有效地降低他们创业的难度并降低相关成本。因此,在这个"互联网+"的时代背景下,我们有机会获得更为丰富和精细的政策扶持。

五、创业营销更方便

在大学生创业的市场营销活动中,主要任务是通过互联网或实体店来搜集关于消费者需求变动、对未来产品的期望及对当前营销策略的响应等方面的信息。同时,也致力于通过互联网或其他渠道将自己的产品和生产信息尽可能广泛地传播出去,以便让更多的人有机会获取并受到这些信息的影响。互联网为创业者的市场推广活动带来了极大的便捷,同时,对网络有深入了解的新一代大学生也可以通过互联网将他们的创业项目推向一个新高度。

第二节 "互联网＋"时代的农业

一、"互联网＋"农业创客内涵与现状

(一)"互联网＋"农业创客内涵

"互联网＋"的核心理念是在新的经济模式下实现资源的共享。为了确保产业的持续发展,传统产业需要充分发挥互联网在资源信息分配上的优势,并将其与传统产业进行深度整合,从而创造出新的增长焦点,最终促进行业的创新和社会经济的持续繁荣。互联网的核心理念在于资源的共享,而"互联网＋"则是在这些共享资源中融入创新成分,并对传统行业进行在线和创新的综合过程。

"互联网＋农业"的理念是将互联网技术应用于传统农业的各个方面,包括农业的生产和管理、农产品的流通和销售,以及农产品的经营和售后服务等。利用这种技术可以助力传统农业向数字化农业的转型。

创客,是指出于兴趣和爱好,努力把各种创意转变为现实的人。经济学中长尾理论的发明者和阐述者克里斯·安德森在其《创客:新工业革命》一书中提到,在接下来的 10 年中,网络的智慧和现实的智慧将被融合并得到应用。未来的网络公司不只是基于虚拟的原则,它们还将深度融入真实世界的各种产业。因此,现代创客无疑是线上与线下深度融合的产物,实现了现实世界与虚拟世界的完美结合。"互联网＋农业"代表了现代信息技术与农业进步的深度结合,其核心思想是随着信息技术的飞速进步,信息已经变得与土地、资本和劳动力一样重要,甚至更为关键,从而形成了信息的生产能力。互联网在农业中的应用是信息生产力对农业产业链全程产生直接影响的结果。"互联网＋"农业创客模式的兴起实际上是对传统农业生产和流通流程进行优化和重塑,从而在信息经济背景下不断释放农业产业转型和升级的巨大潜能。

（二）"互联网＋"农业发展现状

互联网技术正在对传统农业产生深远的影响，这导致了某些地区的农业生产更快地走向标准化、规范化、科学化及智慧化。在过去的几年中，我国的"互联网＋农业"模式取得了飞速的发展。在2014年，全国农产品的网络交易额突破了1000亿元大关，而到2016年，这一数字已经超过了1500亿元。我国有超过3000个与农产品交易相关的平台，这种趋势仍在持续增长中。电子交易平台仅仅是"互联网＋"策略中的一个环节。"互联网＋农业物联网"和"互联网＋农业信息服务"这两种模式都取得了显著的进展。在农业领域，互联网正在被众多从业人员迅速应用。越来越多的初学者也在积极探索如何将互联网的商业逻辑与农业的特性相融合。

二、"互联网＋"农业创客发展模式

为了推动新型农村的新产业和业态的发展，我们需要促进第一、第二和第三产业的深度整合，确保第一产业的每一个环节都得到进一步的提升和整个产业链的增值。此外，我们还需要培养在"互联网＋"背景下的新型农业经营和服务实体，并深入实施吸引农村人力资源、相关人才和支持第一产业的策略。这些措施旨在为农业注入新的发展活力。在这样的大背景下，"互联网＋"农业创客发展模式的创新和战略显得尤为关键。接下来主要从农业创客发展模式所体现的多个方面，如田园综合体、农业旅游、农业特色、智慧农业、农业教育实践、农业物流及农业文创等方面进行了深入的分析。

（一）农业田园综合体与合作社模式

农业田园综合体主要以农民合作社或创新农庄作为核心载体，旨在让农民从中受益，并通过"互联网＋循环农业""互联网＋创意农业"和"互联网＋农事体验"等多种模式来达成这一目标。创建农业田园综合体的初衷是为了拓展新型农民的创新和创业途径，鼓励更多的人参与其中，从而达到提高农业效益和农民收入的目的。例如创意农业融入了创新的观念和技术,它为农产品注入了更为丰富的意义;农事体验的核心是吸引城市居民到农村去体验传统的农耕方式和农事活动。该模式的构建具有一定的灵活性,既可以由一家或多家农户共同经营,也可以通过合作社或村集体的力量进行集体运营。我们还可以考虑采纳"合作社＋农户"的合作模式。例如某县将家庭适度规模经营、农产品的深度加工、观光农业的休闲体验、特色的种植和养殖及"双创"电商项目等多种模式融合到创新和创业的各个领域中。该县果蔬专业合作社也采纳了这种"合作社＋农户"的合作模式。利用这种模式,吸引了不少的投资。投资方根据县的规划和实际情况,实施了"大园区,多业主"的方案,流转了 27 公顷的土地,并采用了"合作社＋农户"的方式,在流转的土地上种植了水蜜桃、猕猴桃和其他果树,并科学地运用了林下经济模式,在果树下种植了应季蔬菜。在这里,投资者主要专注于"互联网＋农户＋生态工程",以构建一个第三方运营平台。合作社利用第三方平台,允许大园区内的农户和业主根据自己的实际情况发布自己的农产品信息,并与企业进行订单式的采购,从而解决了农户、业主和采购方之间的信息交流问题。

(二)"互联网＋农业旅游"

2017 年发布的"中央一号"文件进一步加强了对农业旅游的支持,该文件明确指出,"互联网＋农业休闲"这一旅游产业的发展必须得到加强。充分利用各个地区在物质和非物质资源方面的农业优势,通过"互联网＋"这一发展模式,推动"互联网＋农业旅游""互联网＋农业文化与教育""互联网＋农业康养"等多个产业的紧密整合和创新。在最近的几年中,"互联网＋农业旅游"的收益数字持续上涨。到 2015 年为止,全国的休闲农业旅游吸引了超过 22 亿的游客,实现了超过 4400 亿元的营业收入,雇用了 630 万名农民,并为 550 万户农民带来了实际益处。在农业旅游中,我们必须寻找并利用农业的独特资源来开展有特色的农业旅游活动。比如说,最近几年兴起的家庭农场模式确实是一个不错的选择。例如某家庭农场的建设呈现出丰富多彩的景象。由于这个农场距离主城区大约有 30km 的距离,并且地理位置处于平原且水资源丰富的环境中,过去的农田中有些已经荒废,有些则种植了花卉和树木。随着时间的推移,这里逐渐展现出了一些与众不同的自然景观,当地的政府基于其地理条件和独特性,积极鼓励企业和农户开展以家庭为单位的近郊农业旅游服务。农场的经营者们主要利用互联网平台、手机应用程序、手机微商、微信的推送和点赞功能、在线订单及微信订单等多种手段进行产品的宣传和推广,这一策略在市场上获得了积极的反响。因此,当地逐渐成为市民在周末和节假日出行的首选目的地,这种农业旅游活动也为当地带来了相当可观的经济收益。

(三)"互联网+农业特色化"

所谓特色农业,就是将区域内独特的农业资源充分整合,开发区域内特有的名特优新农产品,通过市场化运作将其转化为特色商品,其重点就是"特色"。同时,充分发挥"互联网+"带来的优势,强化农业的独特性。因此,我们需要在三个关键领域做得更好。首先,我们需要执行一个提高效率的行动方案,以突出具有优势和特色的农业。例如在某些地区,我们可以看到各种各样的花卉和苗木、各式的蔬菜和瓜果、常见的食用菌、当地的茶叶和蚕桑、粮食和豆类及中药材,还有各地的特色水产养殖活动等。我们需要充分运用"互联网+"这一创新技术对产业进行升级,并将相关的产业发展成为一个能够带动当地农民增加收入的"重要产业"。其次,我们需要加强对地方特色经济林木、花卉和竹藤、森林食品、珍稀树种及速生林木材等绿色产业的深度发展。最后,应当适当地推进具有地方特色的农产品规范化和生产示范区的建设。各个区域都应建立一系列能够体现其文化特色和具有明确地理标识的农产品或特色产品原产地保护基地。为了推动地方农产品走向品牌化,尤其是地方企业和行业协会,他们应当充分利用网络资源,大力支持具有区域特色的品牌建设,增强传统名优特色品牌的知名度和影响力,从而助力产业的进一步升级。

(四)"互联网+智慧农园"

如今,智能农业技术已在多个农业园区和家庭农场中得到广泛应用。例如山东的邹平市拥有智慧农园,而福建的闽侯县白沙镇则有"互联网＋智慧农园"。这些建立的智慧农园可以利用互联网实时监测作物的生长状况,通过园区内的无线远程传输系统和监控工具,城市的会员只需启动手机应用程序或微信视频,就可以追踪并了解种植的情况。采纳这种模式不仅可以转变过去较为简单的农业生产方法,同时也可以利用互联网和其他先进技术来吸引城市的消费者,从而扩大产品的销售渠道。

(五)"互联网＋校友＋农业＋众筹"

这代表了一种创新的模式,我们需要在实际操作中进行深入的探索和讨论。四川的某个职业学院对这种模式进行了深入的研究和实践,其核心团队主要由"教师＋学生＋校友＋农民"组成的创业团队,这个团队是创客学院的下属集团,是一个拥有法人身份的经济实体。作为母公司的创业集团,整合了学院现有的各种创业资源,吸引了校友和教师的创业项目(团队),以及与其生产、经营、事业发展相关的合作企业、事业单位或社会团体加入。利用农业作为主要载体,我们可以从多个角度进行投资,以促进农产品的进一步开发和升级。

(六)"互联网＋农业主题教育公园与实践基地"

在推动"互联网＋农业"的进程中,农业研究机构和国家农业科技园区都是不可或缺的关键资源,并有可能尝试建立科技创新的企业集群。在此背景下,我们可以考虑将农耕文化教育融入学校的教学体系中。各个地区都可以利用手头的资源来建立农业教育的实践基地,并由政府的相关部门来指导其辖区内的中学和小学将互联网资源与实践基地资源进行有机的融合,从而使学生能够参与农业科普知识的学习和各种农事实践。在将教育与娱乐相结合的过程中,我们希望传统的农业文化、环境保护和节约的观念能够在不知不觉中深深根植于学生的心中。

"互联网＋农业主题教育公园与实践基地"这一模式主要围绕农业景观、农作物、农业活动乃至农家畜禽等多个方面来构建公园的主题。通过整合与农业有关的网络科技、富有地方特色的工艺品、具有地域特色的农业景观及农业节庆活动等多种元素,并通过精彩地讲述乡村故事和推动文创农业的发展,成功地提升了主题农园的附加价值。

三、"互联网＋创客"的发展模式趋势与展望

在这个科技日新月异、各种创新层出不穷的时代,"农业＋创客"的模式并不仅仅局限于前述的六种模式。在最近的几年中,"互联网＋"在农业物联网和农业信息服务等领域也实现了初步的发展。一方面,我们需要借助互联网来改进农业;另一方面,我们也需要确保互联网的应用模式能够满足农业供给侧结构性改革的需求。在农业与互联网的结合过程中,我们需要深入研究和总结农业在互联网环境下的商业策略和创新思维,这样农业创新者就能在"互联网＋"的农业领域中更有效地展现自己的才华,实现他们的价值,并为"三农"提供服务。

目前,移动通信技术在农村的普及率正在不断上升。随着农业信息化的飞速发展和土地改革的规模化实施,家庭农场、专业合作社和现代农业企业等新兴经营实体逐渐崭露头角,这标志着农业互联网时代的来临。互联网正在对农业的产业链进行深入的解构和重塑。从农业生产资料销售的"信息中介服务"到农业生产和农产品销售,互联网大企业和具有互联网思维的农业企业都在农业产业链的各个环节中积极布局,试图利用互联网来探索各种全新的农业产业商业模式。关于"互联网＋农业"创客的未来发展方向,我们可以总结出以下四种主要趋势:

(一)"互联网＋创客"的生产型智慧农业

创客们有机会在生产行业的智能农业模型上进行项目研究,从而构建更为专业和科学的智能平台。借助互联网技术,我们可以实现农业生产的高精度,确保劳动力、生产资料及土地资源在时间和空间上得到精准分配,从而获得最大的经济收益。比如说,现代化的水产培养和大田种植技术等。现代区域产业的科学、合理和有序发展是离不开大数据统计和分析的,企业或村社可以利用云计算等技术,对产业的各个环节进行数据分析、监测并进行有效的统计。这种做法为产业发展在分析预警和信息发布等方面提前做好了充分准备。例如过去几年出现的大蒜风波和猪肉风波,实际上都是由于大数据分析不够精确而引发的市场后续连锁反应。

(二)互联网深度营销电商模式

互联网在流通领域的深度营销和电商模式的推广,将对传统农产品的流通方式产生深远的影响。因此,我们应当重视如何为农产品和终端消费者之间建立有效的联系和纽带服务。我们可以思考创建一个基于社区的终端消费端,确保城市的消费者能够真实体验到"互联网+"配送带来的农业益处。在电子商务的推动下,农业服务已经发展成几种不同的服务模式,包括农业电子商务的交易服务、农业电子商务的支持服务或平台服务,以及如网上支付、物流快递、云计算等基础的电子公共服务;农业电子商务的衍生服务不仅包括交易,还涵盖了其他产业链和价值链上的增值服务。

(三)"互联网+农业租赁与会展农业"

创客们应当思考如何将"互联网+农业科技""互联网+农业人文"和"互联网+农业机械租赁"等新兴业态整合到现代服务型农业中,尤其是那些与农业发展紧密相关的机械租赁和生产租赁业务。同时,他们也应积极尝试众筹农业、会展农业和体验农业等新兴的农业业态。以某市为例,每年冬天都会举办一次农博会。通过这个平台,那些渴望进入农业产业领域的创新者可以展示他们的创新思维和科技成果,从而找到合适的合作伙伴和切入点,实现先进的农业理念、技术和实际生产力的完美结合。

(四)"互联网+农业创客教育与培训"

目前,鉴于政府对农民和新兴职业农民的高度关注,创客有机会与相关的高等教育院校和企业合作,共同进行"互联网+农业"相关的业务技能培训,为广大农民提供互联网思维和信息化操作的培训,并确保为农业智能化的持续进步做好前期的基础准备和知识储备。从长期的角度看,改变农业经济的发展模式不仅涉及技术的更新和换代,更关键的是思维模式的提升。我们应该重点培养农民和新兴职业农民对农业产业链的了解,让他们明白利用地区特色来优化和升级整个产业链的重要性,并让他们在这个产业链中发挥自己的优势,运用智慧、因地制宜、科学合理地提高生产能力和生产效率,从而实现创客的梦想。

第三节 "互联网+"时代的工业

一、"互联网+"时代下工业设计专业创新型人才培养新模式

20世纪初传统的"包豪斯模式"很长一段时间都是国内设计院校工业设计专业教育的主要借鉴对象。但是,这种培养模式在"互联网+"时代已不能满足社会对设计人才的需求。"互联网+"时代,对高校提出了新的人才培养目标,工业设计这个多学科知识渗透与融合的专业在"互联网+教育"时代下培养人才必须采用新的教学模式,在课程设置、培养计划、教学方式、师资队伍建设等方面都必须加以调整和改革。

（一）建立工业设计专业方向核心课程群,克服互联网教育的碎片化、离散化,保证知识的连续性、系统性

工业设计被视为一个综合性的应用领域,它涉及众多的专业领域,如社会学、心理学、管理学、机械技术和艺术美学等,这些都与工业设计紧密相关。因此,工业设计的教育过程需要长时间的学习、实践和经验积累。在工业设计教育体系中,如何有效地培养学生的知识整合和渗透能力,以及如何提升学生的全面素质,对于从事设计教育的专业人士来说,是一个极具挑战性的问题。因此,课程的合理布局变得尤为重要。对于工业设计专业的学生来说,他们必须掌握社会学、艺术学及技术学这三大核心知识领域。其中,社会学的知识被视为最根本的,艺术学的知识成为工业设计的独特标志,而技术学的知识则是工业设计领域的中心内容。

在网络教育环境下,由于学习内容的碎片化,学习者的专注度和学习深度都受到了影响。在面对海量的碎片化知识和信息时,学生常常陷入被动地接受状态,这会使他们变得更加懒惰,无法进行深入的知识学习和应用。另外,由于学习内容的碎片化特点,学习者往往只能接触到零碎的

知识点,这使得他们很难掌握知识的连贯性,也难以实现知识的全面融合,这对于工业设计这一多学科知识交融的专业来说是一个巨大的挑战。尽管采用了传统的"三段式"教学方法,但在造型基础、设计基础和专业设计的各个阶段,仍然设计了多个具有相对完整性的独立课程体系。因此,我们不能完全依赖互联网进行教育,而应该重视工业设计专业核心课程的建设,以确保工业设计专业的学生在知识上具有连贯性和系统性。

(二)在实践教学培养机制上实行"项目式"和"工作室式"教学方式

在课外的教学活动中,基于专业理论的教学,我们对实践教学方法进行了改进,创建了工业设计的专业工作室,并激励表现出色的学生带动表现较差的学生,从而取得共同进步。

为了更好地适应专业课程的教学需求,在具体的实践教学环节中,可以采用案例教学、项目设计教学和专题设计内容研讨等多种方法来加强实践教学的效果。尤其在注重研究性和体验性的实践教学中,我们应当重视培养学生的自主创新和学习能力。在具体的实施阶段,我们可以考虑引入企业的实际项目、国内外的设计竞赛(例如全国工业设计竞赛、红点设计竞赛等)及特殊事件(例如各种庆祝活动、纪念会议等)作为实践课程的训练主题,这样可以打破传统教学中依赖虚拟课题训练的盲目性,从而激发学生的积极性,并促使他们深入思考如何在具体课题中应用专业理论知识。

(三)在课外教学培养上,充分利用"互联网+"形势下的网络教育,满足学生在线学习需求

在"互联网+"的影响下,学校教育与培训教育之间的边界逐渐变得不那么明确。学校教育在时间、地点和人力资源等多个方面存在的局限,可以通过培训教育的灵活性来进行弥补。通过"互联网+教育"的模式,教育资源得到了有效的重新整合和配置,高质量的教育资源得到了最大化的应用,从而使得跨领域的合作项目研究变得可行。

在当前的"互联网+教育"背景下,工业设计专业作为一个融合多个

学科知识的专业,在培养学生时,应当鼓励并允许他们在学校之外进行学习,具体的方法如下所述:

(1)通过提供免费的教育平台,我们可以将多种资源和学习方式融合在一起,从而促进地区之间的跨界合作与发展。

(2)充分利用移动学习的便捷性,结合实际的教学需求和学习对象的差异性,尊重每个人的独特需求,从而设计出教学应用程序。

(3)在"互联网＋教育"的教育模式中,学生可以通过社会认证的高效性,在网络上学习并获得与其专业相关的学历证书,从而满足社会对他们的期望和认可。

(4)基于互联网平台,采纳娱乐化的教育方法,并结合"互联网＋"策略,这不仅能让学生在娱乐中学习专业知识,还能激发他们的学习热情,对打破传统的学习模式和教育方法具有显著效果。

二、"互联网＋"在工业转型升级

"互联网＋"技术在工业转型和升级中的应用,基于大数据、云计算、物联网等先进技术的广泛应用和推广,旨在实现整个产业链与互联网的深度融合。通过工业互联网的广泛应用,我们可以提高生产效率,并将企业的互联网化程度从传统的传播和销售模式提升到业务和企业的网络化。这种全方位的互联网化和创新成果的快速应用,已经成为企业转型和升级的关键路径。

第一,通过工业互联网的广泛应用,我们可以提高企业的生产效益、减少生产成本,并深化企业之间的合作关系。通过将云计算、大数据、物联网等最新的互联网技术应用于工业生产和管理环节,我们可以重塑整个生产管理系统和工业控制系统,这样可以对机器设备产生的海量数据进行汇总、分析,并将其作为决策的依据,从而实现机器设备的智能运行和远程操控。利用互联网技术,我们不仅可以对生产流程进行更加科学的设计和管理,还能确保各种生产计划之间的有效对接,并合理地配置人力资源,从而提高企业的生产效率。提出工业互联网理念的通用公司持有这样的观点：通过工业互联网的广泛应用，至少能为工业部门带来15％的效率增长。对于那些效率不高的传统企业，它们的效益增长应当更为显著。此外，它还扮演着一个关键角色，即通过互联网和各种信息技术的深度整合，促进工业企业在产业链中的信息、资源、业务和市场的协同合作，从而达到智能生产和柔性制造的目标。因此，工业互联网的运用不仅可以突破地理界线，还能在更广泛的范围内促进网络协作制造，通过网络平台来整合各种资源，从而解决产业链存在的不完善问题。

第二，通过互联网化的传播方式来加强产品和企业的宣传及品牌的塑造。将信息传播到互联网上是企业实现"互联网＋"战略的基础环节，这意味着企业可以通过博客、微信、Email和门户网站等多种方式在互联网上推广其产品和企业，从而建立和维护其品牌形象。此外，通过互联网的传播方式，企业与消费者之间的积极互动得到了加强，这不仅使消费者对企业和产品有了更深入的了解，还为企业提供了决策所需的关键数据。目前，众多企业已经通过微信和微博与消费者建立了深入的交流。这种沟通方式不仅可以使产品更好地满足消费者的期望，还可以帮助企业吸引众多的忠实粉丝，从而加强消费者对产品的喜好和对企业的信赖，这也是品牌建设的关键和基石。

第三，通过互联网化的销售方式突破了传统销售的限制，从而获得了更广阔的市场份额。销售的互联网化意味着将企业的销售环节转移到网络上，也就是说，可以通过电子商务进行，可以自己完成，也可以通过电子商务平台来完成。互联网的普及使得整个中国乃至全球变得更加平坦，对企业而言，利用互联网有机会进入更加广阔的商业领域。传统企业拥有其独特的优势，对这些企业而言，技术、产品、文化及消费者的信赖都需要不断地积累。如何将这些积累转化为线上优势，并使销售更加网络化，成了一个关键的策略。对纯粹的互联网品牌而言，将传统企业与线上整合会带来更大的竞争优势。

第四，利用互联网技术来加强企业业务的互联网化，从而提升产品的竞争力。企业业务的互联网化是建立在互联网的核心原则，也就是以用户为中心的原则上的,这意味着要根据消费者的实际需求来指导各种生产活动,例如团购和定制化生产等。传统的企业往往遵循"先生产再消费"的策略,这可能导致生产出的产品无法满足消费者的期望,从而被市场所淘汰,这不仅浪费了宝贵的资源,还可能给企业带来不必要的经济损失。业务网络化的核心理念是首先深入了解消费者的实际需求;其次根据这些需求进行生产,甚至有可能先进行消费再进行生产,这样生产出的产品必然能够满足消费者的需求,并赢得消费者的喜爱。在这一变革过程中,互联网成了一个了解消费者需求的关键途径,而当消费者的购买行为受到互联网的深度影响后,互联网也成了他们消费的主要渠道。互联网技术为公司业务的网络化进程提供了坚实的基础。以家具产业为背景,传统企业因其技术滞后和定制家具尺寸不统一,难以实现大规模生产,这在很大程度上导致了生产效率的低下和企业规模的难以扩大。然而,如果能够将互联网技术融入设计、生产、安装和售后服务的各个环节,设计师可以通过在产品库中选择不同尺寸和样式的模块来为用户定制家具;订单下达后,生产线将直接生产标准化的模块,并通过拼装积木的方式将这些模块组合成完整的家具。这样,即使是定制家具,也能实现大规模的自动化生产,从而显著提升生产效率。

第五,通过企业全面的网络化,推动企业进行全面的转型和升级,从而促进创新。运用互联网的思维方式来重新塑造企业的整体价值链,这包括了生产流程、组织架构及员工的行为模式等方面。这代表了基于传播、销售和业务的互联网化的最高层级的企业网络化进程,对传统的企业而言,这是最具挑战性的一步。为了适应互联网时代带来的新的竞争环境,企业需要从技术、人才等多个角度进行全面的重构。其中,互联网思维是最为关键的一环,它实质上代表了当代的思维模式。许多传统的企业过于保守,有时甚至与时代脱节,这主要是因为他们的思维模式落后。只有当企业采纳互联网的思维方式进行重塑后,其转型和升级才能成功。企业的转型和升级实际上是一个充满创新的过程。随着互联网在工业领域的广泛应用和推广,使工业企业更加重视消费者的需求,这将推动工业企业从营销模式的创新转向研发、设计和生产等多个方面的创新。相较于产业链的上游企业,下游企业由于与消费者的联系更加紧密,因此,能更多地与互联网进行融合创新。

第六,利用互联网金融来推动工业的健康发展。在普惠金融的背景下,互联网金融成为满足小额、分布式、大规模客户支付、理财和投资融资需求的关键工具。互联网通过大数据的整合和应用,重塑了企业的信誉体系,逐渐成为中小企业融资的主要途径。随着企业全面走向互联网化,金融服务也随着传统企业生产模式的演变发生了相应的变革。传统的金融手段将无法满足企业对效率的高要求,同时,传统金融的制度框架和行为规范也难以满足创新驱动下对股权资本、债务资本、产品匹配、征信体系、快捷支付和投资理财等庞大金融需求。因此,网上支付和在线融资等多种互联网金融方式将逐渐成为工业企业未来金融服务的新常态。

第四节 “互联网＋”时代的服务业

一、“互联网＋”成为服务业转型升级的新引擎

(一)“互联网＋”催生出服务业新业态

从 2012 年“互联网＋”概念首次提出至今,不过短短 12 年的时间,但它却为我国产业经济发展带来了新的机遇。虽然“互联网＋”是以一个概念的形式走入公众视野的,但其已逐渐渗透到各个行业、各个领域,并开始影响企业的生产方式、居民的生活方式及政府的服务方式。从市场需求角度看,“互联网＋”在一定程度上能够解决传统交易中信息不对称的问题,将生产要素进行重新优化整合,在资源配置中充分发挥作用,使产业经济形态发生改变,尤其是服务业。“互联网＋”通过与服务业的融合,促进了服务业的产业结构升级、产业组织变革、产业资源配置、产业布局调整等,催生出互联网金融、现代物流、电子商务、融资租赁等服务业新业态;通过构建“互联网＋”服务业平台,实现了对传统服务业的改造,提高

了现代服务业的发展水平,促进了服务业转型升级。

(二)"互联网＋服务业"成为经济增长新动力

随着信息技术的快速发展,以"互联网＋"为代表的科技创新提升了全要素生产率。在国家实施"互联网＋"战略的大背景下,互联网与服务业的融合发展,为服务业转型升级提供了新的发展路径,"互联网＋服务业"发展空间巨大、发展潜力无限,将成为互联网经济最具优势的增长点。未来服务业的竞争力就体现在服务业智能化、高端化、个性化、品牌化、国际化等方面。"互联网＋服务业"通过提高服务业劳动生产率及服务业供给质量,可以促进服务业产业升级、提高服务业发展水平、扩大服务业规模、优化服务业内部结构。同时,"互联网＋"通过创新、技术、人力资本促进服务业向集约型、质量效益型、绿色低碳型转变,有助于加快建设资源节约型与环境友好型社会。

二、"互联网＋"促进服务业转型升级的路径选择

(一)加强网络基础设施建设

随着服务业走向信息化、数字化和智能化,互联网作为整合线上和线下资源的媒介,面对产品的更新换代需要不断完善网络基础设施,为"互联网＋"搭建安全、开放、共享的网络交易平台。网络基础设施建设是"互联网＋"服务业融合发展的重要保障,应积极推广和应用在大数据、云计算、物联网等移动互联网技术在传统服务业向现代服务业转型升级过程中。因为网络基础设施建设涉及基础数字技术、宽带技术、软件技术、IP技术等,所以需要及时完善、维护和更新,以达到提升网络服务能力的目的,同时推进网络光纤的推广工作和普及,真正实现大数据时代的信息共享,加快智慧城市的建设步伐。

(二)营造良好的网络发展环境

互联网与服务业的融合发展对网络、信息、数据的安全性要求更高,因而"互联网＋服务业"的发展需要以良好的网络环境为基础和支撑。一方面,建立法律监管制度,维护网络安全,加大对用户隐私的保护和对网

络信息安全的监管力度;建立健全如电子商务、现代物流、互联网金融等相关网络安全的法律法规,并加大对网络诈骗的打击和惩处力度。另一方面,做好技术支持工作,如互联网金融通过网上银行、第三方支付等手段办理投融资、理财相关业务,用户通过搜索引擎进行信息查询和检索,技术人员需要对一些存在安全隐患的链接进行阻截,并启动防火墙功能以防黑客攻击,解决用户网络支付安全问题,保障终端用户的权益不受侵害。

(三)建立互联网平台型企业

"互联网+"时代,平台经济成为产业经济发展的潮流和趋势,互联网平台型企业就是通过打造社交、购物、搜索等平台,引领"互联网+服务业"发展,以实现服务业转型升级。企业是服务业转型升级的主体,企业对信息技术的掌握程度直接影响服务业转型升级的进程和效果。同时,互联网平台型企业为分享经济提供载体,通过线上线下结合,实现供需平衡,提高资源利用效率,接近帕累托最优状态。

(四)加快对"互联网+服务业"人才的引进与培养

信息技术是互联网发展的灵魂,人才则是"互联网+服务业"实现深度融合发展,促进服务业转型升级的重要保证。适应互联网时代的发展要求,既需要掌握信息技术的专业人才,也需要精通金融、保险、外语、管理等的复合型人才,因此,要注重对国内人才的培养和对国外互联网核心技术人才的引进,一方面,通过设置优惠政策吸引优秀人才;另一方面,建立"互联网+服务业"发展所需人才的培育体系,通过开展校企合作,搭建人才输送平台,以产学研相结合的模式,为服务业转型升级提供智力支持。同时,要加强对网络安全专业技术人才的培养,为"互联网+服务业"的发展保驾护航。

创新创业能力开发篇

第五章　创新创业能力的开发

第一节　自我创新能力的开发

社会创新文化、创新环境、创新机制十分重要,但作为社会中的成员,更重要的是要增强独立自主开发的意识,把个人的创新潜能转化为创新能力。

一、自我创新能力开发的两个方面

(一)自我表象

自我表象,也被称为心理表象,这一概念的确立和应用是 20 世纪心理学领域为人类社会作出的最卓越的贡献之一。自我表象可以理解为一个人对自己的信仰系统及由此产生的相应的思考模式。所有的思考过程都是基于个体的自我认知,而这种认知反过来又塑造了我们所称的自我心理表象。

每个人都具备提高自己自我表象的能力,这种能力源于人的天性,但由于许多人未能意识到这一点,他的创新才能就无法展现出来。

自我表象被视为大脑细胞的中心,它代表了一个人的自我认知和思维方式。当一个新的观念与系统中已有的观念相吻合,并且与个体的自我认知相吻合时,这个观念会更容易被人们接受和理解。如果它不相吻合,那么它可能会面临抵制,甚至有被拒绝的风险。

对"理想自我"的深入思考是自我表象的另一个方面。在我们的成长过程中,我们希望成为的是怎样的人,拥有怎样的特质和才能,这往往是我们在成长中所认识的某个人,也就是我们最敬仰的人的结合。

在我们的大脑中,自我的定位和形象成为挖掘潜在能力的关键要素,事实上,我们每个人都远远超过了自己的预期。无论创新者的背景或当前状况如何,高质量的自我表象(或称为自我心像)都能激发出强大的潜能。相对地说,即使创新者具备出色的条件和高学历,但如果他们的自我表象不佳,那么他们也不可能取得显著的成就。

(二)自我精进

作为管理者,自我提升是进行创新活动的基础品质之一。心理学研究指出,当一个人在面对问题时,如果不能准确地识别问题的根源或感到问题无法解决时,他的内心会承受巨大的压力。因此,作为管理者,他们必须拥有冷静思考的能力,只有这样才能使自己的情绪得到缓解并避免陷入困境。

二、自我创新能力开发的步骤

(一)克服思维定式

思维模式是随着人们知识和经验的不断积累,逐渐形成的一种固定的思考问题和解决问题的方法。虽然思维定式在解决普遍问题和长期问题方面具有有效性,但在面对新出现的问题时,它常常会变成一个阻碍。克服思维定式的关键途径和策略包括以下八个方面:

1. 要有创新意识

创新意识的体现是对现有事物的不满足,即使在当下它仍然是完美的,但我们应该持续地对其进行优化和创新,以创造出更新的东西。与那种认为小胜则喜、守旧、自视甚高的观点完全不同,创新意识实际上是一种充满活力和进取心的思维,它积极地追求变革,并对新的事物、技术和理论持有强烈的兴趣和敏锐的嗅觉,擅长吸收和接纳最前沿的技术与方法。

2. 大胆质疑

打开所有科学知识的钥匙,无疑是一个问号;我们的大多数发现,都应该归功于"如何"。而生活的智慧可能就是在遇到任何事情时,都必须问出原因。独立和自主地去思考,而不是依赖他人,只有依靠这种独立和自主的思考方式才能彻底消除依赖心理。

3.立体思维

由于人类居住在宇宙中的一个星球——地球,因此,正常的思维模式应当包括宇宙观、环球观、宏观、中观、微观和渺观。不管其大小如何,它的存在形态是立体的,而不是简单地以点、线或面的方式展现。拥有立体思维,能够最大限度地激发我们的空间想象力。

4.暂时抛开书本

贝尔实验室的经验是指在进行新课题研究时,故意不去查看资料,先由自己设法探索实验,以避开现成结论造成的思维局限。

5.建立自己的原则

以解决问题为目的,不要拘泥于任何条条框框,建立自己的处事原则就可化难为易。

6.多角度思考

同一事物从不同角度去观察思考就会有不同的认识,就能发现问题或能启迪思路。

7.模棱两可思考法

在创新活动中,答案的模糊性、非唯一性可以给思维留下更多回旋余地与可能性。

8.求异思维

有意识进行非常规思维的思考,如从逆向、侧向进行与众不同的思考。

以上八个方面有助于我们克服思维定式,使自己的思维具有创新性。

(二)贯穿创新精神

创新精神就是一种强烈进取的思维,人生定律就是不进则退,这表现在以下六个方面:

1.首创精神

创新的核心特质在于其独创性。创新的核心在于持有敢于领先的信念,有了这种信念,创新的灵魂便得以存在,否则再出色的策略也将毫无作用。

2.进取精神

坚韧不拔、永不停歇的前进精神体现在勇敢地面对严峻的挑战。成功背后最强大的驱动力是野心。他的野心反映了他面对目标时的积极进攻态度,以及不达成目标绝不放弃的决心。进取精神通常涵盖四个方面的意识:强烈的创新意识、强烈的成就意识、强烈的开拓意识及强烈的竞争意识。

3.探索精神

人们的探索欲望,常常表现出强烈的好奇心,表现为对真理执着的追求。为此,也会产生强烈的求知欲。而强烈的求知欲,就要靠顽强的毅力、拼搏精神才能得到满足。

4.顽强精神

如果没有坚韧不拔的决心、面对困境的勇气、面对失败的勇气、面对风险的勇气和面对压力的决心,那么创新的成果是无法实现的。科学之路并不是一帆风顺的,只有那些不怕辛劳、勇敢攀登陡峭山路的人,才有可能到达光辉的顶点。

5.献身精神

每个人心中都藏有一个梦想,这个梦想塑造了他的努力和决策方向。杰出的成功者并非与生俱来,他们是通过后天的努力获得的。心理表象与核心信仰构成了关键要素。仔细观察每一位杰出的成功者,他们都无一例外地拥有高尚的理想和无私奉献的精神。我们每个人都具备与杰出的成功者相同的潜能、时间和机会,但问题在于我们的心理表象存在差异。也就是说,在开发潜能、利用时间、对待机会等一系列问题上,我们展现出了不同的心态。

6.求是精神

坚持实事求是的原则就是科学的精髓。我们所倡导的创新精神,既不是一成不变的,也不是随意碰撞的。人们如果能更真实地对待事实,使他们的思维和行为更加符合实际和客观的规律,那么他们的创新能力就会更强。只要具备实事求是的态度,我们就能消除所有的外界干扰,坚定地朝着预定的目标前进。

(三)培养自我的创新品格

培养自我的创新品格,可以从以下四个方面着眼、着手。

1. 自信心的培养

(1)利用心理暗示,提升心理素质。通过心理暗示来提高心理素质,一个相对直接的方式是经常默诵那些简明、清晰、积极和充满自信的口号。法国的心理学家艾米尔·古埃,是自动暗示领域的先驱。多年以前,他曾写下这样的话:"我的每一天,在我生活的各个方面,都会变得越来越好。"那些每天都怀揣着坚定的信仰和期望为自己打气的人,他们注定会在某个专业领域成为权威。从心理学的角度看,不存在一个简单的口号能够在一夜之间彻底改变一个人的性格,也不能期望一次就能改变所有事物,但真正的问题是,有多少人每天都在坚持这种自我暗示的方式。

(2)改变自己、分析自己。要改变自己是最具挑战性的任务,因为创新者一旦改变了自己,就等于改变了创新者的外部环境。要想改变自己,确实需要依赖自己的努力。首先,阅读关于创新者应该阅读的书籍,以及成功人士的生平传记和自我激励的书籍,有助于激发人们的自信、勇气和力量。很多取得成功的人也经历过信心缺失、困惑、失败、失落乃至失望的时刻。例如《钢铁是怎样炼成的》这本书的作者奥斯特洛夫斯基曾考虑过用枪结束自己的生命。但当他成功地克服了失明和肢体不全的障碍后,他的大脑中充满了明亮的世界。为了鼓舞自己和年轻人,他挥笔创作,留下了永恒的经典之作。其次,观察创新者与哪些人建立联系,并且多与成功的人交往,并向这些成功者学习,可以增强自己的自信心。

(3)树立必胜的信念。那些杰出的创新者所坚守的信念被称为创新者的核心信念。当创新者具备了这些信念,并将其融入他们的日常思考中,他们的思维模式会变得更为积极和健康。核心信念将推动创新者拥有高质量的自我认知,这是创新者所必需的自我认知。

2. 树立民族责任感和强烈的事业心

蔡希陶,一位杰出的植物学家,最初对动物有着浓厚的兴趣。所以,在 1929 年被指派进行植物学研究的时候,他勉为其难地答应了。后来,在他的实际职业生涯中,尤其是当他目睹英国、法国、德国、美国等国多次派遣专家前往云南收集植物样本时,他的民族责任感激发了他对植物研究的强烈兴趣,最终在植物学领域取得了突出的成就。在我们的日常生活中,每个人都有自己独特的兴趣和爱好,每个人都有自己的独特之处。因此,你需要深入了解自己的喜好和愿望,并将这种思想深化,这样,成功的一天就离你不远了。

3. 强化培养兴趣的主观意识

每一门学科和每一项技术都具有其独特的吸引力,都值得细细品味,当你体验到其中的乐趣和内在之美时,你会培养出强烈的兴趣。当人们对某事物产生更大的兴趣时,他们更容易被其所吸引,从而自然地对所接触的内容产生浓厚的兴趣,并为创新思维打下坚实的基础。

4. 经常保持好奇心

对于创新能力的培养,好奇心起到了关键的作用。好奇心能够激发人们的兴趣并驱使他们进行创新。然而,在大多数情况下,人们的好奇心很容易被激发,但很难维持。因此,保持持续的好奇心是培养兴趣的关键环节之一。创新的追求分为三个阶段,首先是知识的掌握;其次是关于能力的发展;最后是塑造出优秀的人格品质。好奇心在塑造健康的人格品质上起到了至关重要的作用。培养好奇心的手段主要有以下五个方面:

(1)选择适宜的环境刺激。人类生活的环境刺激因素是多种多样的。学生对新知识的认知和获得过程往往是从好奇心开始的,而这种好奇心又来源于他们对周围事物的兴趣和需要。在学习过程中,如何选择合适的环境刺激,主要取决于学习观念的转变。问题是好奇心的"心",只要能够激起它的好奇心,那么选择一个合适的环境来刺激它是非常有可能的。

(2)要学会自己寻找答案。当对身边的事物或现象感到好奇时,应该有计划地激发自己的主动思维,并努力寻找解决之道,并积极地参与各种能够激发人们好奇心的探险活动。

(3)可以充分运用各种感官,自己观察,自己动手操作,体验自我成就感。

(4)培养好问的习惯。当人们产生好奇心时,可能会提出新的疑问,或者从一个全新的视角去审视旧的问题,这常常会带来新的发现和突破。"问题"是由"好奇"和"质疑"共同产生的,要构建一个真正具有科学意义的问题,还需要在多个条件和多个方面付出努力。

(5)培养好奇心的新理念,不仅要"释疑、解惑",而且要启思、设疑,引而不发。"释疑、解惑"并非将疑惑全部"冰释",而是要在明了旧疑的基础上,思考新的、更深层次的问题,有时甚至要"设疑",还要决不掩饰自己在某些问题上的失察甚至无知。创新人才的产生,需要十分自由、宽松地探究问题的环境,不能让问题(思考)止于自己。

创新、创造和发明都拥有无穷的吸引力。那些渴望培养自己创新才能的人,应该尽早达到新的高度,让创新不断完善和丰富,这样的生活才真正值得自豪。创新不仅能让创新者体验到愉悦的生活,而且通过各种创新活动,他们会培养出创新的思维方式,并逐渐增强自己的创新实力。当创新者取得发明或创造的成果时,他们的世界观、人生观和价值观都会经历深刻的改变。

(四)意志品质的培养

意志体现了人们在社会实践中持之以恒、长时间维持的坚定意志,它是创新者最宝贵的品质,也是创新者勇往直前、勇敢克服困难和危险的心理品质。坚韧不拔的决心可以征服世界上的任何高峰。对于创新者来说,意志是一种不可或缺的精神品质。为了培养创新精神,我们可以从五个关键领域进行思考和实践:

(1)树立远大有为的奋斗目标;

(2)在创新活动实践中获得意志品质的锻炼和体验;

(3)针对自己意志品质的特点,有目的地加强自我锻炼;

(4)依靠纪律的约束力来加强自律,以规范自己的行为;

(5)多参加有助于磨炼意志的体育活动,如长跑、攀岩、登山、游泳等,在锻炼身体的同时,培养自己的意志品质。

(五)质疑精神的培养

创新思维的源泉在于对问题的提出,也是对其进行质疑。正因为有了"为什么"这一因素,我们才能激发出强烈的创新欲望,构想出一种更具创新性的行为,并进一步培养创新能力。那些卓越的创新成功者,他们敢于对他人的想法持怀疑态度,擅长思考他人未曾想到的事情,并完成他人未曾完成的任务。成功的实践经验告诉我们,只有通过持续的质疑,我们才能培养出独立思考的品质。对于质疑精神的培养,我们可以从四个关键领域开始考虑和实施:

(1)这可以与培育自信的过程相融合。只有当你拥有自信和积极的心态时,你才能进行独立的思考,并自然而然地培养出质疑的精神。缺乏自信会导致盲目的服从、对权威的盲目崇拜和对平庸的满足。

(2)始终集中注意力。注意力构成了人类智力的一个重要部分,心理学的研究结果显示,有意识的记忆比无意识的记忆更为有效。因此,保持注意力的高度集中是进行有效问题分析和解决的基础条件。

(3)当面临问题时,应从多个角度和方面持续提出疑问。

(4)在没有意识到自己的过错之前,应当冷静地坚守自己的观点,而不是盲目跟随潮流。

三、培养创新能力的途径

能力是靠教育、培养、训练、磨炼和激励出来的,创新能力就更是如此。根据以往的摸索、实践和总结,可以用四个字予以概括,即"学、练、干、恒"。

(一)学

掌握创新的基础概念,提升个人的外在表现,增强责任心,并加强对创新的驱动力。

天才、伟大的人物、科研人员、创新者和革新者之所以能够取得显著的成就,是因为他们各自拥有独特的思考方式,与一般人的主要区别仅在于一种是创新性的思考方式,另一种则是具有复制性和常规性的思考方式。我们完全有能力学习到创新思维,进行思维训练,学习如何在工作、学习和日常生活中应用创新思维,将这种创新思维方式转变为自己的思维方式。

努力学习并精通常见的个人和团队创新方法。选择的思考方式和策略将直接影响创新者的最终成果。从一个特定的角度看,社会进步与方法的创新紧密相关,而个人和团队的创新方法则是创新思维转变的关键手段。在何种环境下,面对何种问题,以及选择何种创新方式,都将直接影响创新活动的推进速度和获得创新成果的频次。

(二)练

一旦学习,就开始练习,将学习与练习相结合。为了塑造自己成为一个富有创意的个体,持续的日常培训变得尤为关键。只有通过持续的思维活动,我们的大脑才能变得更为敏捷。

我们应该培养丰富的想象力,加强思维的扩散性、联想性和适应性,培养创新思维,并在"量"的基础上追求"质",首先是"量",其次才是"质"。创新的想法通常是从大量的创意中诞生的。

(三)干

干就是实践,意味着运用创新思维和创新技巧,通过各种创新活动,以创造性的方式来解决各种问题。

(四)恒

恒代表着常态化和制度化。将进行创新活动和迅速提高人们的创新能力视为一项长期的战略任务来执行。不论是在商业领域还是在教育领域,维持生存和持续发展都是至关重要的。如何进行进一步的发展?只有不断地创新,不创新就会走向灭亡,这也是一个不争的事实。

第二节　预测决策能力的开发

预测决策能力,是现代管理者要进行创新所必备的能力中的核心。

一、预测能力

预测能力可以被定义为对未来进行预测的技巧。预测作为创新决策的基础,要想作出准确的创新选择,科学预测是不可或缺的。预测技术指的是一种用于推测或计算事物未来发展趋势、进程及可能引发的各种结果的方法。预测技术建立在对事物的历史和当前状况进行深入研究的基础上,它通过多种主观和客观手段及相应的策略,来预测事物的未来走向,并为作出最佳决策提供坚实的科学支撑。

前瞻性和预见性意识的核心在于不断的创新。在社会竞争激烈的环境中,那些具有前瞻性思维、科学预测能力和创新精神的人,将有机会取得主导地位并获得成功。

(一)预测方法的内容

预测方法主要可以划分为定性方法和定量方法两大类别。①定性预测主要集中在质的变化上,探讨事件发生的概率。在定量预测中,我们主要关注量的变化,探讨事件进展的可能性,而主观预测大部分是基于定性的。在真实的应用场景中,通常会结合定性与定量的方法进行操作。在进行定性预测时,常用的方法包括专家调查法(特尔斐法)、想定情景、主观概率法、相互影响分析法及对比法等。②定量预测所采用的主要方法包括对比法、趋势法、因素相关分析法(例如回归法、弹性系数法)、机理模型法和平滑法等。

(二)预测步骤的内容

预测实施步骤:①明确预测任务或目标;②确定预测的时间界限;③掌握事物的发展规律和有关的数据、资料等信息,分析历史上发生的偶然事件,预估未来偶然事件发生的可能性;④选择适当的预测途径和方法;⑤建立相应的预测模型,如概念性的、结构性的或系统性的;⑥分析模型的内部因素及其相互关系;⑦分析模型外部因素及其想定情景;⑧进行预测;⑨对预测结果进行灵敏度分析;⑩对多种方案预测结果进行分析评价,最终为有关部门提供预测和分析结果。

二、决策能力

决策是指为了达到最佳效果,对多个预备行动方案的选择过程。从创新决策的重要程度来看,可以将其分为战略性决策和战术性决策。作为管理者,进行创新实践是至关重要的,特别是需要具备作出战略性决策所需的勇气、决心和能力。这样的决策是否正确,将直接决定创新项目能否成功,并对管理的效果产生直接的影响。因此,战略性的决策成为管理者在创新实践中的首要职责。

决策涵盖了决策工作与决策行动这两个主要环节。决策工作的整个流程,从设定目标到制定备选策略,通常是由领导者委派给咨询机构的专家来完成的。决策行动指的是领导者基于咨询机构所给出的建议来作出选择,这完全是领导者的职责。决策不仅是领导者的核心职责,而且在行政管理、科技管理及企业的日常运营中,都会涉及一连串的决策过程。科学决策不仅是确保社会、经济、文化、科技、教育和卫生等多个领域工作能够顺利进行的关键因素,同时也是衡量一个人创新能力和决策水平的重要指标。

三、科学决策程序

科学的决策流程通常可以被划分为八个步骤:一是识别问题;二是明确目标;三是价值准则(用于评估的指标);四是制订计划;五是进行深入的分析和评价;六是方案选优;七是实验进行了验证;八是广泛地执行。在科学决策的过程中,并不是所有的任务都需要由管理者亲自完成,大多数的任务可以交由咨询机构的专家来完成。作为管理者,他们有责任严格按照科学的决策流程行事,并最大限度地利用专家的专业知识。其中,识别问题、明确目标、设定价值准则及选择最佳方案都是管理者需要亲自参与和关注的方面。

四、开发创新决策能力的途径

第一,不断探索和创新,行事要谨慎且坚决。只有当我们拥有探索和创新的精神,并对改革状况感到迫切时,我们才能敏感地识别并提出挑战,面对错综复杂的情境,制定各种策略,经过深入思考,作出审慎的决策。然而,在创新的关键时刻,我们需要迅速作出决策。在执行过程中,我们必须毫不动摇,不应轻易舍弃之前的创新观念。

第二,具备谦逊和博学的品质,坚持实事求是和知识渊博的原则,能够巧妙地运用这些知识,在创新时展现出极高的智慧和策略。

第三,擅长深入了解实际情况,汲取大众的智慧,支持大众的创新精神,广泛征集各种意见,包括听取负面意见,集思广益,发挥创新决策组织的作用。当我们意识到错误时,应该有勇气对之前的决定进行质疑,具有一定应变能力。

第四,遵循科学的流程进行创新活动。科学决策的成功依赖多个阶段,包括深入的调查研究、明确的决策目标、方案的制订、方案的选优、方案的执行、信息的反馈及后续的调整和休整,以避免个体的独断专行。

第五,采纳前沿的科学决策技巧。在作出科学的决策时,我们经常结合定量和定性的分析手段。科学决策中经常采用的方法涵盖了调查研究、咨询技巧、预测方法、环境评估、系统性分析、决策评估、可行性研究、可靠性评估、灵敏度评估、风险评估、心理状态分析及效用理论等多个方面。当决策者面临选择最佳解决方案的复杂情境时,最终确定的方案并不保证每一项指标都达到最优状态。这就需要决策者运用他们自身的专业知识、实践经验和智慧来作出明智的决策。

第六,对决策进行持续追踪。如果实施决策的结果显示原先的决策无法达到预定的目标,并需要对目标或决策方案进行重大修改时,可以采用追踪决策。追踪决策在本质上是对原有问题进行一次全新的决策过程。在进行追踪决策时,如果改变了之前的决策,可能会导致人们情感上的冲动,从而失去对决策的公正和客观评估。

第三节　应变能力的开发

在现代大规模生产和科技不断进步的背景下,决策的综合性、复杂性和动态性更加明显,这些特性使得管理者所负责的管理活动基本上都是富有创新精神的,因此,必须具备创新能力。例如在经营和管理上,我们需要持续建立新的经营观念和意识、采纳新的生产方法、探索新的市场机会、管理新的原材料来源,并对组织和管理方式进行改进。

作为管理者,在管理实践中应持续创新和积极进取,特别需要关注培养创新和应对变化的能力,以下是具体的开发方法:

一、培养敏锐的观察力

一位杰出的管理者拥有远大的理想和广泛的兴趣,能够深入洞察社会的各种现象和当前的管理状况,能够敏感地识别出存在的问题,并预测如果不解决这些问题可能对管理和创新带来的后果。此外,他还能理解管理对象的心理需求,并激发自己去思考、探索和寻找解决问题的方法。

二、形成立体思维和辩证的能力

只有具备良好的学习能力、丰富的知识储备和流畅的思维方式时,才有可能激发内在的意识,培育出丰富的想象力,并在遇到问题的时候能够灵活运用各种方法,如举一反三、触类旁通等,找到解决问题的最优方案。

三、学会独立思考、巧于变通

对自己持有坚定的信念,面对各种质疑和议论时,能够独立地进行思考,不会盲目跟随,并擅长采用综合、移植、转化等创新方法来解决问题。

四、要脚踏实地、敢作敢为

决不会犹豫不决,要三思而后行。在复杂的环境中,能够迅速地给出建议,并将其转化为具体的计划并付诸实践。还需有勇气承担责任,工作态度认真,除非达到预定目标,否则绝不轻言放弃。在我国,人们经常说"计划不如变化快",优秀的执行能力还需要出色的应变能力,也就是说,在日常工作中需要不断地进行调整和修正,以确保计划能够顺利完成。

五、随机应变,因势利导

灵活应对各种情况的策略是绝对必要的。组织的内部和外部环境都在不断变化,为了适应这些变化,我们必须及时地调整政策和策略,审慎评估形势,并灵活应对各种情况。根据实际情况和形势的变化科学地调整自己的策略和方法。

在应对随机情况时,我们需要关注问题的根源。创新的深层含义指的是在创新观念中所体现的对象的核心特性的集合。创新的深层含义涵盖了对各种事物的深入了解、对过去事物的批评、创造新的事物及探索新的领域等方面。从更广泛的意义来看,创新的内涵涵盖了创新意识、创新精神、创新机会、创新工程及创新模式等多个方面。

第四节 处理信息能力的开发

在现代管理中,信息被视为一种独特的"无形资产",它不仅是管理过程中不可或缺的部分,同时也构成了创新与进步的根基。处理信息的能力对管理者在进行创新活动,例如管理控制和协调关系时,是至关重要的,也是作出创新决策的基础。一个管理者在信息的吸收、处理和消化方面的能力,将对创新工程的进展产生直接的影响。对于开发管理者来说,处理信息的能力可以从以下五个方面来考虑:

一、搜集信息

关于指派谁来收集、收集哪些资料及如何收集这些资料,都需要有一个清晰的计划。在安排信息收集任务时,应制订一个全面的计划,该计划应包括识别问题或目标、确定所需信息的类型、确定信息的来源、选择收集的方法和手段,以及明确信息的方式和结论。

二、分析信息

分析信息的首要环节是分类,把繁杂的信息加以科学分类,也是应具备的能力。分析信息的过程,往往是管理者作出创新决策的酝酿与准备过程。

三、分配信息

信息经过分析和分类,必须及时、准确地分发给有关工作部门,否则就会失去信息的效益,甚至造成失误。分配信息是处理信息能力的一个重要标志。

四、检查监督

工作中将信息分发给有关部门后,必须检查各部门对信息的消化、运用情况。

五、沟通

信息构成了决策的根基,而有效的沟通则有助于信息的流通和共享。交流的核心要素涵盖了信息的发送者、信息的传播路径及信息的接收者。

(一)沟通的作用

在组织内部,上级、下级及成员间的有效沟通是员工和联络成员达成共同愿景的关键途径。沟通充当了组织与外部环境的纽带。

(二)沟通的方式

在当代的组织结构里,信息传递的速率已经超越了以往的任何时期。为了成为一名出色的管理者,必须依赖充足的信息资源来执行管理职责并进行有效的管理工作。在信息获取和传播的全过程中,沟通起着至关重要的作用。在管理实践中,领导者通常会选择以下两种主要的沟通手段。

1. 从信息流向的角度划分

向下的沟通:在传统的管理模式中,管理者的主要职责是进行单向的、向下的沟通,这种沟通的信息是从组织的高级层面发出的,并按照一定的顺序向下传递。

向上的沟通:员工需要向管理层咨询并报告他们的工作进展。

平行沟通:在相同级别的员工中,他们在工作中进行相互的沟通和学习。

2. 以信息传递的媒介划分

书面沟通:这种方式具有记录、参照和多次阅读的多种优势。

口头沟通:这是一个由口头和听觉组成的过程,它不仅可以传达信息,还能建立情感联系。

非语言沟通:这是一种利用非语言标记来传达信息和分享思维情感的手段。非语言符号包括如辅助语言、身体语言、面部表情及空间应用等方面。

(三)有效沟通的基本要求

要实现有效沟通,首先要认清沟通中的各种障碍并予以排除,这是沟通的基础。

1. 沟通过程中的障碍及其克服方法

沟通的困难主要源于五个领域,为了消除这些障碍,我们需要在这五个领域努力:

(1)信息发送者带来的阻碍。由于信息发送者在没有深思熟虑的情况下,对发送的信息进行了未经计划和整理的评论,这极易导致沟通上的困难。

(2)在信息传递过程中遇到的困难。在信息从一方传递到另一方的过程中,由于各种因素如损失、遗忘和误解,信息往往会出现失真的情况。

(3)障碍是由接收者引发的。由于人们的兴趣各不相同,他们通常会有选择性地接受信息,也就是说,他们只会接收自己喜欢听或看的信息,这就导致了大量信息的丢失。

（4）人与人之间的关系如何影响信息的交流。信息交流是发送者与接收者之间的"给予"和"接受"的互动，它是一个双向的交互过程。

（5）信息过多导致的阻碍。过多的信息如果没有及时处理，可能会造成有价值的信息堵塞，从而失去其实用性。

2.沟通的要求

首先，为了实现有效的沟通，双方使用的符号必须是双方都非常熟悉的；其次，在沟通的过程中，不能单方面行动，而应该重视协商和交流，以便获得支持；再次，传达那些对接收者有益或具有实际意义的信息；最后，通过有效的沟通手段，达到相互之间的理解。

第五节　控制协调能力的开发

一、开发控制能力

控制指的是根据组织的要求和员工的实际操作情况来进行相应的调整和管理，以确保组织的目标能够顺利达成。关于这一定义，我们可以从两个角度来解读：控制是主体有目的地对对象施加的积极影响；控制的核心目标是确保对象的状态符合组织的标准。

（一）控制的要素

控制系统是由三个部分构成的。

1.控制主体

这是由执行控制的管理团队所组成的。他们的职责包括设定控制准则、确定控制的目标及向被控方发送命令。在控制系统中，控制主体起到了核心和主导的作用。

2.控制客体

该系统是由人员、资金、时间和空间、信息及组织等多个方面组成的。受控系统有责任执行控制主体的命令，对特定的物质、能量和信息进行合适的分配，以实现符合控制主体需求的绩效表现。在控制系统中，控制客体占据主导地位，并对控制主体产生反向影响。

3.监控系统

该系统由专门负责监控员工操作状况的专业人士及各种机械和机构构成。其主要职责不只是对控制对象的工作成果和操作流程进行检查,还需要将这些监测数据反馈给控制主体,作为组织运营调整的参考,确保整个组织的行为逐渐接近并实现既定的目标。在控制系统中,它起到了辅助的作用,充当着监控和调节控制主体与控制客体之间互动的关键环节。

(二)控制的前提

控制的实施必须建立在计划的基础上。计划的明确性和完整性越高,其控制效果也就越出色。

明确的组织结构是控制的基础保障。控制的作用是由人来实现的,如果组织的责任界定不清晰,我们就无法确定哪个部门或谁应该承担偏离计划的责任,也就无法实施相应的调整措施。

进行控制时,必须保持客观性。控制建立在反馈信息之上,这里所说的信息主要涉及管理层对员工工作表现的评估。

控制系统应当具备高度的灵活性和机动性。组织的内部和外部环境持续变化。为了应对这两方面的挑战,组织需要重新审视其计划,完善其控制准则,并调整其控制策略。因此,控制系统应当拥有允分的适应性,以应对不断变化的内部和外部环境。

经济上的控制应当是高效的。为了提升组织效能,必须满足两个基础条件:首先是作出准确的决策;其次是提升工作效率。

必须在适当的时候进行控制。通常情况下,识别工作中的错误是相对简单的,通过将控制标准与员工的实际工作表现进行对比,我们能够迅速地识别出潜在的问题。

在进行控制时,我们应该考虑整体情况。组织是由多个相对独立且相互联系的子系统所组成的。

(三)控制的类型

1.事前进行控制

这也被称为前馈控制,这是一种为了预先识别可能出现的问题而实施的预防措施。比如当某家公司的销售额低于原先的预期时,公司的管理层会制定新的广告和销售策略,以改善预期的销售状况。在运行过程的初始阶段进行预先控制,投入和运行过程的交接点成为控制活动的核心环节。

2. 对现场进行控制

管理人员负责在工作场所对下级员工进行指导和监督,以确保计划目标得以实现。现场控制指的是在操作过程中对各种活动进行的控制。

3. 事后的控制

这也被称为反馈控制,它是基于已经获得的运行数据,对接下来的操作流程进行进一步的修正和控制。

(四)控制方法应用步骤

第一,确立相应的标准。它是衡量工作成果的核心要素。

第二,对效果进行量化评估。就是对实际工作与既定标准之间的差距进行比较和测量。

第三,实施相应的措施,以纠正存在的偏差。

(五)开发控制能力

1. 紧密关注核心问题

管理人员需要对可能影响整体的问题进行严格的管理,而对于普通的问题,则需要采用灵活的管理策略,而不是简单地将所有问题都掌握在自己的手中,这种方法被称为"抓大放小"的管理方法。

2. 强化基本任务,并制定相应的控制准则

务必在问题刚刚出现的时候进行预先的管理和控制。在日常工作中,我们需要重视基本的任务,对于经常出现问题的部分,应制定实际有效的管理标准,并以绝对数值、百分比等标准传达给相关的执行部门,作为评估的准则。

3. 充分利用各个职能部门的控制系统功能

最关键的任务是增强各个职能部门和管理者的责任感,让他们深入了解实际情况,找出并解决存在的问题。同时,我们必须高度重视计划、报表和专业会议的重要性,以便更好地了解和掌握当前的情况,深入研究

和分析问题产生的根本原因,从而能够及时作出正确的决策,实施相应的措施,并进行有效的控制。

二、开发协调能力

协调意味着妥善处理各种关系,解决多方面的冲突和矛盾,以实现双方的理想合作。所谓的协调关系,指的是在企业内部及企业与外部之间处理各种复杂的关系,以实现共同的和谐发展。

1. 把握时机进行协同工作。公司的内部和外部环境都处于不断变化的状态,这种变化是经常发生的。由于"内部与外部"的失衡,经常会出现所谓的好机会。作为管理者,他们的职责是擅长捕捉各种有利时机,持续优化内部关系,开发外部环境,并构建新的内外平衡机制。

2. 整合与调整工作职责。企业有责任清晰地划分各个职能部门和管理人员的职责与分工。在职责不明确或互相推诿责任的情况下,管理层应当迅速作出决策,确保每个人都清楚自己的职业目标和所承担的职责,并以和谐的方式进行工作。

3. 有效整合和协调人力、财力、物力。当人力、财力和物力的来源及分配出现问题时,这通常会妨碍纵向的连贯性和横向的协同工作。作为管理者,他们必须严格遵循预定的计划,进行合理的资源分配,并保持积极的平衡。

4. 我们需要在企业的物质与精神文明建设、长期目标与短期目标及发展速度与效益之间找到一个平衡点。对于涉及范围广泛的关键问题,可以指派特定的部门或专家进行协调。

5. 鼓励彼此之间的互助与支持。在各个部门的领导强调自己职责的重要性和影响时,不能降低其他部门在社会中的地位和影响力。工作中的合作和支持应该是双方的共同努力。

6. 推动公正的竞争环境。各个部门之间需要建立一种健康的竞争关系,寻求共同点,尊重差异,相互扶持,紧密协作,以最大程度地激发其积极性和创造力,从而努力实现组织系统的全面目标。

第六节　思维能力的开发

一、突破思维障碍

思考不仅是一种复杂的心理过程,也是人类大脑所拥有的一种特殊能力。现代心理学专家持有这样的观点:思维实质上是人类大脑对外界事物进行的一种概括和间接的反应。从字面解释来看,"思"代表思考,而"维"则代表方向或顺序。因此,我们可以将思维理解为按照特定的方向和顺序进行的思考。思维障碍妨碍了我们以创新的方式解决问题,这对创新活动是极其不利的。如果我们想要创新思维,就需要克服思维上的障碍。更具体地说,我们必须实现以下目标:首先,为问题提供多样化的设计思路,激发各种不同的联想,从而得出各种不同的结论,并从中筛选出最优的方案;其次,我们需要根据各种不同的客观环境来灵活调整思维方式,以便及时纠正自身的思维误区;再次,我们还须格外留意避免在思考过程中使用直线式的思考方式;最后,我们需要扩展思维,当思考路径遭遇障碍时,应迅速作出调整,有时还可以尝试进行反向思考。

二、扩展思维视角的方法

(一)改变万事顺着想的思路

从古至今,大部分人在思考问题时,都是基于常情、常理和常规,或者是按照事物发生的时间和空间顺序来进行思考,这就是人们常说的"万事顺着想"。

1. 变顺想为倒着想

当思考方式不能有效地解决问题的时候,反过来考虑,这实际上是一种创新性的选择。

2. 从事物的对立面出发去想

创新的思维方式有可能带来出乎意料的新结果。当我们在解决实际问题的过程中遇到难题,不是简单地在原先的思考焦点上打转,而是有勇气直接面对问题,从事物的反面寻找新的切入点,这被视为拓宽思维视野和实践创新思维的关键路径。

3.改变自己的位置

当创新者专注于思考社会议题时,他们可以将自己置于他人的位置上,尤其是创新者研究的目标位置上。当创新者专注于科学与技术的问题时,他们可以调整自己的观察位置,从不同的角度,如前后、左右和上下,来深入探讨和分析这些问题。

改变事物的位置意味着改变其原有的排列顺序,或者在新的位置上进行思考和变革,这样就能得到新的成果。实际上,这为创新者提供了更多的机遇,以促使事物朝着更有益于自身的方向进行变化。

(二)转换问题获得新视角

1.把复杂问题转化为简单问题

智者有能力将复杂的问题简化,而那些不够聪明的人则能使简单的问题变得更加复杂。实际上,从一个新的角度来看,将复杂的问题简化是解决它们的关键。

2.把自己生疏的问题转换成熟悉的问题

对于那些你从未遇到过的问题,可能暂时找不到一个合适的切入点或解决方法,但请不要畏缩,尝试将其转化为你所熟知的问题,这样可能会为你带来新的思考角度,也有可能孕育出杰出的研究成果。

3.把不能办到的事情转化为可以办到的事情

在这个世界上,有些事情是完全有可能完成的,有些则是难以完成的,而有些则是根本无法完成的。然而,无法完成的事情,难道就不能转化为可以完成的吗?如果条件允许,我们将获得一种全新的观察角度和解决问题的方法。

(三)把直接变为间接

1.以退为进

当面临其他挑战时,"退一步海阔天空"的策略也同样适用。当面临挑战时,如果我们选择短暂地后退,等待合适的机会,那么情况可能会向更有利的方向发展。在这种情况下继续前行,解决问题会变得更为简单。

后退并不意味着逃避,而是一种积极的策略,目的是以最低的成本获得最大的成功。

2. 迂回前进

后退一步是为了更好地前行。在某些情况下,为了继续前行,人们也会选择转弯或绕弯子,这被称为"迂回前进"。事实上,在多个行业中,为了战胜挑战和解决难题,我们都需要用一种迂回前进的策略来调整我们的思维方式。

3. 先做铺垫,创造条件

当面临一个棘手的问题时,有时需要先构建一个全新的问题作为解决问题的前置条件,这实际上是一种从直接到间接的全新思考方式。

所有事物都是相互关联的,解决任何问题都是有条件的,解决一个小问题可能会为解决下一个大问题创造条件。在创新者开始解决问题之前,先思考是否存在为解决这一问题而创造的环境,而寻找这样的环境,实际上是一个拓宽视角的过程。只要我们具备扩展视角的思维,并掌握了相应的方法,那么解决问题的途径将会变得更加丰富。

三、实施创新能力开发系统工程

创新不仅是一项复杂的系统性工程,也可以被视为人类创造性工程的一部分。在创新工程中,人是核心角色,只有具备创新能力的人,才有可能推进创新事业。为了进行创新,一个人需要满足以下四个条件:

(一)克服心理阻力

一个人是否具备创新的心理特质是进行创新活动的基础,这在很大程度上取决于该人是否拥有创新的心理特质。

在历史长河中,有许多杰出的人物都是思考敏捷、勇于创新的人。伟大的科学家爱因斯坦之所以能取得如此显著的成就,是因为他敢于挑战和突破现有的理论框架,不盲目崇拜权威,不盲从大众,不受任何形式的限制和束缚,他自称为"最彻底的怀疑主义者"。正因为他对传统的绝对时空观念中的"同时性概念"持有怀疑,这才催生了"狭义相对论"的研究成果。因此,我们需要战胜那些不敢适应变化的思考习惯,并持续地拓宽我们的思维视野。

(二)建立创新机制

建立创新机制被视为实现创新的关键要素之一。这个观点主要是针对活动组织者来说的。对那些致力于创新的人而言，缺乏对创新的合理评估和激励是妨碍其创新思维能力进一步提升的一个关键问题。个体的创新能力不仅受到其个人主观因素的影响，还与其所生活的环境紧密相关。一个人的智慧、创意和创新能力的完美融合，同样需要一个合适的评估和激励策略。在组织和领导体制中，如果缺乏一个能够促进创新者政绩的机制，并且没有营造出一个鼓励创新的氛围，那么人们的创新能力将很难得到充分的发挥。因此，在策划创新活动的过程中，我们应当重视建立创新的机制。

(三)打好知识基础

丰富的知识构成了创新的根基，因此，每个人都应当高度重视知识的积累。一些人认为，在当代社会中，我们更需要的是有效的社交技巧和信息获取能力，而非单纯的知识积累。宁做开拓型，不做知识型的这种观点犯下了一个严重的错误：错误地将能力与知识分开，错误地认为创新是不需要任何条件就可以轻易获得的。然而，一个人真正需要的是知识的素质，而这种素质中，知识修养是至关重要的一部分。

(四)善于提出问题

创新能力的关键在于擅长提出各种问题。为了创造新的工作环境，我们必须持续扩大视野和不断地进行探索，擅长识别问题、提出问题，并以创新的方式来解决这些问题。

第六章　创新创业能力提升的
内外部途径

　　创业者的个人能力和他们所处的环境都会对其创业的成功产生影响。因此,对于创业者来说,他们应该重视提高自己的能力,并提高对外部环境的适应能力;对于政府来说,他们可以通过出台激励创业的政策和措施,营造一个积极的创业环境,以支持新创企业的成长。

第一节　创新创业能力提升的内部驱动策略

一、提高自身综合能力

　　真正的实力是最关键的。不论一个创业者身处何种环境,只有自身具备出色的综合能力时,才能在激烈的市场竞争中站稳脚跟,并取得真正的成功。因此,创业者的首要任务是不断增强自己在各个领域的能力,为未来的创业之路奠定坚实的基础。

　　(一)提高市场敏锐度

　　随着市场的持续变化和进步,其背后潜藏着众多的商业机会。因此,创业者需要不断增强对市场的敏锐度,通过观察各种表面现象来识别并捕捉潜在的机会。

　　首先,需要掌握如何识别商业机会。机会对每个人都是平等的,导致不同结果的原因是,有些人能够敏锐地识别并迅速地抓住这些机会。作为创业者,必须时刻关注并定期地分析市场动态,以掌握市场的周期性波动和未来发展方向。比如说企业家们有机会通过参与各种行业峰会和产业论坛等多种活动,与行业内的专业人士进行深入的沟通和交流,以便更好地了解和分析市场动态。创业者在面对繁多的信息时,需要寻找最适合自己的商业机会,并迅速地抓住这些机会,以便更快地占领市场。

其次,需要培养具有战略视野的思维方式。一个企业的战略方向和长远规划对其生存和成长有着直接的影响。因此,创业者需要培养长远的战略思维,不能仅仅关注短期利益,而应从一个更高的视角来观察和分析整个市场和行业;同时,需要根据当前的市场环境和企业的具体状况制定短期和长期的发展策略,将这些策略与具体的规划相结合,确保有条不紊地、有计划地应对环境所带来的各种挑战。

最后,需要学习整合各种资源。资源保存理论把资源分为四大类:物质资源、条件资源、能量资源和个体特征资源。社会中的每一种资源都以其特有的形式存在,这些资源都是分散的,好像它们之间没有联系或很容易被我们所忽视。创业者需要在众多的社会资源中迅速定位到自身所需的资源,并将这些资源有效地整合在一起,以便在充分发挥各自功能的同时,也能产生整体的效应。创业者一旦掌握了必要的资源,便具备了前行的资本和勇气,因为这些资源为他们在创业道路上的成功打下了坚实的基础。

(二)增强执行力

执行是一个将目标转化为实际行动的过程,而高效的执行力是实现理想结果的催化剂,可以加速目标的转化过程,可以说高效的执行力是创业者取得成功的重要条件之一。

第一,必须具备强烈的时间敏感性。时间是最公正的,每个人的一天都是 24 小时,因此,对时间的利用效率不同,自然会产生不同的结果。对于创业者来说,他们在一天中要处理的事务繁多,因此,他们必须合理地规划和管理自己的时间。首先,我们需要根据事务的重要性和紧迫性来进行分类和排序,这样才能有组织、有计划地为不同的任务分配时间,确保任务的高效率和高质量完成,避免浪费宝贵的时间,并防止因事务过多而错失真正的重要的事情,从而造成不必要的损失。

第二,我们需要树立一个终身学习的观念。在这个飞速进步的社会里,唯有持续学习和自我充实才能紧跟社会的发展脚步,维持自身的竞争力,并避免被社会淘汰。在创业旅程中,创业者需要积极地进行自我学习和自我提升,他们可以选择进一步的学习或参与系统化的培训,或者更多地参与行业相关的会议,与行业内的专家进行深入的交流和沟通,并从身边的杰出同事和朋友身上吸取宝贵的经验。只要持有一颗谦逊且热爱学习的心,就能在不知不觉中掌握大量的知识,从而进一步提高自己的专业知识和技能,拓宽视野,增强面对商业问题的应对能力,并取得更为出色的成绩。

(三)提升个人亲和力

创业并不是一个人单独努力就能成功的,它需要一群人的共同努力。成功的创业者不一定都是最有才华的人,而是最擅长吸引和整合人才的人。如果有一批有才华的人愿意与创业者合作,那么这样的创业者无疑是成功的,这样的个人和团队自然能够取得良好的成绩。因此,对于创业者来说,关键在于增强个人的吸引力和亲和性,以吸引更多优秀人才,并构建一个优秀的团队。

首先,要培育出一定水平的人际交往敏锐度。人类是一种具有高度主观情感的生物,很多情况下,他们的行为都是基于某种特定的情感驱动,因此,创业者必须精通处理各种复杂的人际关系。第一,必须妥善处理与员工之间的关系,视员工为自己的合作伙伴,赋予他们一定的工作自主权,让他们在一定范围内充分发挥自己的主观能动性,在良好的人际关系氛围中提高他们的满意度和忠诚度,建立事业甚至命运共同体,让所有人为共同的目标而努力奋斗。第二,需要妥善处理与竞争者之间的关系。优秀的竞争者可以激发我们的潜能,使我们变得更为出色。因此,创业者不应盲目地贬低他们,而应该学习与他们建立友谊,用赞赏的态度去观察他们,并从他们那里吸取成功的教训和失败的经验,从而避免走入误区。第三,与合作伙伴之间的关系需要得到妥善处理。创业者在与合作伙伴交往时,应持有谦逊的心态,虚心地从他们那里吸取有价值的经验,并与他们进行平等的对话和交流。然而,在面对一些关键问题时,必须坚守自己的原则和底线,不能因为维护所谓的"关系"而忽视自己的底线和原则,必须在自己的原则基础上与合作伙伴和平共处。

其次,掌握团队协作的技巧。那些想要创业的人必须组建自己的团队,并与团队成员真诚地合作。第一,作为创业者,必须用谦逊和平等的心态与所有人建立良好的关系。不论一个创业者的能力有多强,他都不可能独自完成所有的任务,也不可能关注到每一个小细节。因此,需要一个出色的团队共同努力。只有当创业者持有谦逊和平等的心态时,才能吸引到杰出的人才,并与他们和谐相处。第二,企业家需要学习如何与团队成员紧密协作。为了使团队达到最佳的工作效果,除每个成员需要充分展现自己的能力之外,团队成员之间的合作和配合也是至关重要的。当然,创业者也需要将自己融入进团队,与团队成员共同讨论并作出重要的决策,及时分享和讨论新的创意和想法,合理分配每个成员的工作,使每个人都能在团队中找到自己的位置,互相学习、取长补短,通过共同努力,走向最终的成功。

(四)学会泰然自若

成功之路充满了挑战和困难,创业者将面对许多不确定的问题,只有保持冷静和自信,才能找到解决这些问题的方法。

首先,要培育一个积极向上的心态。态度是决定一切的关键,一个阳光的心态可以帮助创业者面对困难时保持乐观,不退缩不害怕,保持健康向上的奋斗精神,这是采取积极行动的基础和前提。因此,创业者应该时常为自己提供一些心理上的暗示,用一个积极和乐观的视角来看待这个世界,更多地与那些乐观的人互动和交流,积极参与户外活动,体验大自然的魅力,并有计划地培养自己的积极乐观和勇往直前的心态。

其次,掌握问题的解决方法。既然出现了这个问题,就应该寻找解决之道,将其转变为新的机会。第一,需要学习在安全时刻保持警觉。即便在经济状况相对顺利的时候,企业家也应具备对危机的警觉性,能够及时识别出潜在的危险信号,并在问题和风险刚刚出现时就将其消除。第二,需要探索解决这个问题的策略。当问题出现时,需要先冷静、沉着地进行分析,努力寻找问题出现的真正原因。然后,有针对性地采取措施,逐步找到解决问题的策略,以最快的速度解决问题,以最大程度地减少损失。

二、增强环境适应力

研究表明,创业环境会对创业者的创业能力和最终的创业结果产生影响,因此,创业者必须时刻关注环境的变化,提高对环境的适应能力。

(一)密切关注环境

不仅是政府发布的相关政策,市场的实际状况也都会在不同程度上对创业者的最终创业成果产生影响。因此,那些想要创业的人必须具备对环境的敏感性,并时刻关注环境的变化。

首先,需要紧密地关注金融市场的变化。创业资金的来源和流动受到市场利率、汇率和投融资渠道等多个因素的影响,因此,创业者必须及时了解金融市场的最新动态,以确保资金流动的稳定性。

其次,需要对政府的各项政策保持高度关注。政府作为有形的手,具有对市场环境产生明显影响的能力。因此,其发布的财政、税务和基础设施等多方面的政策都将对创业企业产生影响。因此,创业者需要密切关注政府的政策动态,及时把握有利的政策方向,以获得政府的支持,规避不利的政策因素,并避免造成不必要的损失。

最后,需要紧密地关注市场环境的变化。作为创业者,需要密切关注竞争对手的情况,并根据他们的变化来适时地调整自身战略,以便以最佳的状态面对即将到来的竞争。与此同时,企业家需要密切关注消费者的需求和状况。消费者是企业的最终评价者,只有真正理解消费者的需求和喜好,才能满足他们的喜好,赢得他们的满意和忠诚。因此,创业者需要定期研究消费者的购买需求和喜好,适时地调整自身的产品和市场策略,以最大程度地满足消费者的需求,这样才能在竞争激烈的市场环境中吸引更多的消费者,并进一步稳固企业在市场中的地位和优势。

(二)主动适应环境

环境总是在不断地变化和发展,只有根据环境的这些变化来适时地调整自己的行动和计划,才能更好地适应环境。

首先,企业家需要根据外部环境的变化来调整他们的战略方向。企业战略的制定必须综合考虑市场动态和企业自身的实际状况。当大环境发生变化时,创业者需要根据当前的形势和需求,适时调整企业的战略定位和未来规划,以确保其始终与市场大环境和消费者的消费倾向保持一致。

其次,企业家需要根据外部环境的变化来调整他们的市场策略。只有当企业的市场策略和营销手段真正适应市场和消费者的需求时,它们才有可能获得成功。因此,在环境发生改变的情况下,创业者需要重新审视市场动态,深入了解市场的最新发展方向,掌握消费者的新消费偏好和趋势,并根据这些变化及时制定新的营销策略,以最大程度地满足市场的需求和偏好,从而实现经营效益的最大化。

三、转变学习理念,塑造社会网络学习行为

对于创业者来说,他们的创业技能是可以通过不断的学习来获得的,这使得寻找提高创业能力的方法变得尤为重要。随着创业活动逐渐展开,民营企业的创业者开始深刻感受到环境变化对他们个人能力和素质提出了更为严格的要求。你想要学习的是什么?应该如何学习?应该向谁学习?这些问题是所有创业者都必须面对的,他们迫切需要寻找有效的学习路径和方法。因此,对于民营企业的创业者来说,改变学习观念和拓宽学习途径成为当前最紧迫的任务。

(一)转变学习理念,在社会网络中学习

在建立网络关系的过程中,创业者与网络成员之间的互动也是一个学习的过程。然而,通过与民营企业的创业者进行交流,我们发现他们在建立网络关系时,并没有意识到需要主动向网络成员学习,也没有全面了解网络成员所掌握的隐性知识和信息。在应用这些知识和信息的过程中,也没有很好地结合自己的实际情况,更多的是将这种学习视为网络关系发展的偶然的副产品。

对于民营企业的创业者来说,应该更加主动地学习,建立一个开放和外向的学习理念。在社交网络中,他们应该善于识别和充分利用学习的机会,并通过各种方式如交流、模仿和寻求指导来向网络成员学习,从而尽可能地提高自己的能力。社交网络学习具有低成本的优势,创业者在明确自己的能力水平后,他们可以主动地扩大网络的覆盖范围、增强网络的多样性,并与网络成员建立深厚的信任和关系。这样,他们可以共享各种知识和信息,从中获得创业所需的技能和知识,并不断地积累在企业运营中的经验和教训,从而提高将这些经验转化为实际知识的能力。

但是,利用社交网络进行学习并不意味着盲目地滥用网络资源。目前,民营企业的创业者在学习过程中常常遇到一个问题,那就是他们看到什么就学什么,看到谁就学谁,从企业战略的制定到日常管理事务,都没有与企业的实际情况相结合,这样的学习不仅不利于企业的发展,还可能导致企业受到负面影响。民营企业的创业者在选择网络学习的目标时,应充分考虑双方在能力、社交网络特性、行业种类等方面的互补性,努力发掘其中对他们有益的社会资源,并进行有针对性的学习。对于民营企业的创业者来说,他们不仅需要关注学习的广泛性,同时也要关注学习的深入性;在选择学习方法时,需要根据自己的实际情况在实际操作中灵活运用。同时,也应该在互联网上积极寻找能够为提供指导的人和值得借鉴的榜样,以帮助自己更好地学习。

(二)塑造有效的网络学习行为

在社交网络环境中进行高效的学习是在相对较短的时间内增强创业技能的关键手段。经过和民营企业创业者深入的交流和对现有文献的整理,笔者发现民营企业的创业者在社交网络中主要采用的学习方法包括指导性学习、模仿式学习和互动式学习等。接下来,我们将对这三种学习方法的有效性塑造进行详细分析。

1. 指导性学习的塑造

民营企业的创业者更倾向通过指导和学习来增强他们的创业技能。与模仿式学习和互动式学习相比,指导性学习对创业能力产生的影响是最为明显的。当创业者没有充裕的时间参与培训时,他们可以通过与导师的有效互动,迅速地将所获得的经验转化为实际的知识。在引导学生学习的过程中,创业者应当留意以下两个关键点:

首先,我们应该虚心地听取他人的建议和意见。对于创业者来说,如果想要从社交网络中获取必要的知识和信息,他们必须持有一种谦逊的态度,这正是有些创业者所缺少的。部分创业者过分自信,不愿意虚心向他人寻求建议,即使他们意识到别人的建议是有价值的,也不愿意承认自己的不足;部分创业者持有自我防卫的心态,不太愿意听取他人的意见和建议;还有一些创业者过分依赖他们之前成功的创业经验,认为自己的经历能够证明一切,因此,忽视了他人的善意支持和指导。

其次,要积极地去寻找合适的创业导师。师徒计划作为一种个性化的教育方式,有助于初学者在创业过程中提升他们的管理能力。通过师徒关系,指导者能够实现三种不同类型的学习成果,分别是认知层面的学习、情感层面的学习及技能层面的学习。创业者与社交网络的成员关系更为紧密时,将更有助于他们的指导和学习。如果这种师徒或指导关系是由创业者主动寻找导师建立的,并且双方都有一定的感情基础,那么指导人会更愿意帮助创业者,创业者也会更愿意接受指导人的建议和指导。此外,他们还可以从指导人那里获得资金、技术、经验等方面的支持,甚至可以拓展社交网络,从而进一步提高创业者的创业能力。

2. 模仿式学习的塑造

模仿式学习的一种方式,一个人只须通过观察他人的行为来实现模仿学习的目标,但学习的过程不止于模仿本身。主动的模仿行为更有助于行为的转变,而创业者可以从两个主要方面来增强模仿式学习的成效:

首先,挑选一个适当的模仿目标。对于创业者来说,模仿的目标可能是个体或企业,而这些模仿的特点,如相似之处、技能和社会地位等,都会对创业者的行动产生影响。当模仿对象与创业者的相似度增加时,创业者通过观察来学习他们的行为模式的可能性越大;当模仿对象的知名度提高时,创业者模仿的可能性也随之增加。创业者在创业过程中遇到问题,他们可以借鉴成功企业的经验,但在决策时,必须充分考虑到企业的成长速度和各个发展阶段的特性,根据实际情况选择合适的策略和方法,而不是简单模仿成功企业或其他人的创业方式。

其次,实施具有战略意义和操作性的标杆管理方式。标杆管理主要可以划分为战略性、操作性和国际性三大类。鉴于民营企业的独特性质,民营企业的创业者可以从战略性和操作性两个维度进行深入学习,以便更好地指导他们的创业活动和企业的运营管理。战略性标杆管理的核心思想是将初创企业与行业中表现最出色的企业进行对比,深入探讨它们是如何面对激烈的市场竞争和持续发展的,从而更清晰地定义和优化创业企业的策略,确保策略的前沿性和实施的可能性。操作性标杆管理的核心思想是在清晰了解创业企业整体或某一特定环节的运营状况后,识别出该行业中最优秀的企业内部运营策略或流程,从而提升企业的运营管理水平。标杆管理为模仿和学习杰出企业提供了极佳的方向指引。

3.互动式学习的塑造

在社交网络的学习过程中,创业者不仅要扩展和策划他们的学习网络,还须熟练掌握与他人交流的方法。

首先,对学习网络进行详细规划。对于创业者来说,他们应当深入评估自己的创业技能,明确自己在哪些领域缺乏足够的知识、信息和心理支持,然后,根据自己的实际需求,寻找并确定那些能够为自己提供帮助的人,并尽可能地创建一个有助于提高创业能力的学习平台。学习网络中的成员可以是来自正式或非正式的社交网络,他们同样是擅长从外部获取知识的群体。与此同时,创业者需要更多地与网络用户互动,以促进彼此的学习和交流。

其次,要学会有效的交流方法。如果创业者想要获取对自己有价值的知识和信息,第一,他们需要学习与网络用户进行深入的对话,掌握倾听的技巧,并能够真实地从对方的角度出发来思考和分析与所讨论的经验和教训相关的情境;第二,需要对所讨论的经验和教训进行深入的反思,全面考虑自己的实际状况,并将这些知识转化为自己真正需要的知识;第三,需要创造一个积极的沟通环境,在这个环境中,大家可以达成共识,围绕创业过程中的各种问题产生有意义的碰撞和火花。

第二节　创新创业能力提升的外部支撑机制

一、最大程度发挥家庭的支持作用

对于创业者来说,家庭不仅是他们的幸福避风港和经济支柱,还在很大程度上决定了他们是否能够取得成功。在创业者的创业过程中,家庭成员的鼎力支持扮演着至关重要的角色。当创业者开始创业时,他们不仅需要家庭的经济援助,还需要情感和人力的支持;当创业遭遇失败,家庭成员的鼓舞、慰藉和支持是至关重要的;当创业取得成功时,希望能与家人一同分享这份快乐。许多创业者在创业过程中高度依赖其家庭成员,并从这些家庭成员中获取丰富的资源。他们也可能通过与亲朋好友的微弱联系来实现创业目标。特别是当家庭成员(例如创业者的父母)也是创业者时,这种关系对创业者的创业行为和能力产生了明显的积极影响。

总体来说,家庭成员在企业家创业能力的塑造和成长方面起着至关重要的作用。因此,民营企业的创业者应当最大限度地利用家庭的支持,积极寻求家庭成员在多个方面,特别是在情感方面上的支持。

二、创业教育重视学习的社会化过程

在创业领域,众多学者已经通过实证研究证明,创业者的创业技能是可以通过接受创业教育来增强的,因此,创业教育应当被整合到大学的教学大纲中。研究表明,通过创业教育项目可以有效地塑造以行为为代表的创业能力。创业教育从业者能够清晰地理解应当教授什么内容、如何进行教学,以及如何营造一个有利于学习的环境。

创业者所拥有的社交网络对其创业潜力具有显著影响。因此,如何有效地协助创业者建立一个健全的学习网络以进一步增强其创业能力，成了创业教育部门需要深入思考的问题。

　　创业者所拥有的社交网络对他们在识别创业机遇、获取创业所需资金、构思创业思路及管理企业方面的能力有着显著的影响。当前，在大学创业教育方面，主要是依赖传统的单向专业知识输入模式，这在满足学生情感需求和提升学生社交技能方面做得不够。因此，大学在创业教育方面应当更新其教育理念，将情感教育和人际交往技能的培养纳入教育体系中。除了教授相关的专业知识，教师还应当创建一些鼓励学生互动的平台和活动，激励学生或潜在的创业者主动地扩展他们的学习网络和方法，培养他们良好的学习态度，并持续增强他们的创业技能。创业教育应该更多地关注社会的互动和行为模式，例如鼓励创业俱乐部和社团在教育过程中扮演重要角色。

三、创建健康的创业环境

　　政府作为市场经济中"有形的手"，能够对创业环境产生直接或间接的影响。政府为创业者提供各种支持性的平台，营造健康的创业环境，形成"大众创业、万众创新"的良好局面，能够激发全社会的创新潜能和创业活力，推动经济发展。

（一）充分发挥政府的支持作用

　　政策环境对创业能力与创业成功的关系起着调节作用，政策制定部门鼓励创业者的创业行为、重视创业者创业能力的发展，能够促进经济发展。全球创业观察中国报告显示，2010年，我国的创业活动中企业关闭率为5.6%，是创新驱动型经济体（国家）平均水平的2.43倍。企业关闭率高的主要原因是个体创业能力不足、创业技能缺乏。到2017年，我国终止创业（过去一年内将企业关闭）的比例下降到了约2%，但我国创业者认为自己具备创业能力的比例从2002年的37%下降到了28%，对创业失败的恐惧比例从2002年的25%上升到了41%。导致这一现象的原因可能是随着技术进步和社会发展，成功创业对创业者能力的要求不断提高,越来越多的创业者认识到自己存在的不足。因此,政府部门应该制定相应的政策和措施来帮助创业者培养创业技能、提升创业能力。在倡导"大众创业、万众创新"的时代,政府的支持尤其是民营企业管理部门的支持是不可或缺的,能为创业者提供更有效、更具创造性和适应性的管理资源,以及更好的创业环境。

(1)构建创业和学习的平台,建立社会的信任体系。政府对创业者的学习给予关注,并不是简单地为他们提供学习技巧和态度的培训,而是基于对创业者在线学习需求的深入了解,对各种学习环境(例如企业、行业组织、教育机构等)产生影响,从而为他们创造一个良好的学习氛围。政府有能力创造有利的外部环境,例如组织或资助行业交流活动,以帮助创业者更好地学习和了解相关行业的知识,从而提高他们的学习积极性;设立具有官方属性的创业者论坛,旨在为创业者之间、创业者与政府及其他相关部门之间的互动交流提供一个平台,从而推动创业者的学习进程;帮助企业建立与科研和教育机构之间的长期合作伙伴关系;加大基础设施的建设力度,以便为创业者在生产、技术、管理、人才和信息等多个方面提供全面的支持,从而使他们的学习过程更加流畅,并提升学习成效。除对硬件设施进行规范之外,政府还需要对创业者的学习"软件"进行标准化,规范市场的运行秩序,并逐渐营造一个诚信合作的商业环境,特别是在创业环境中建立和维护信任机制,以便更有效地促进创业者的学习活动。与此同时,政府还须努力提升创业者在社会中的地位,并从经济、制度和市场等多个维度为他们的学习提供更好的环境。

(2)协助企业家寻找合适的创业导师。政府有能力为创业者提供桥梁或相关平台,协助他们寻找合适的创业导师,并通过这种指导关系来维持创业扶持的效果。一方面,政府有能力投资创建创业指导中心或拟定创业指导方案,从中筛选出来自不同行业的成功创业者或在创业研究领域有丰富经验的专家,组建创业指导团队,并与需要指导的各种创业项目的创业者进行一对一的匹配,以确保他们能够成功地创业;另一方面,政府有能力激励高校或创业教育部门开展创业指导项目,而这些项目的运营资金可能源自企业的赞助或政府的补助。例如浙江大学的"中国女性创业能力开发项目",通过一对一的匹配,为参与项目的创业学员分配一名合适的创业导师,为她们设计个性化的指导计划,这些导师可以向创业者传授创业经验,提供关于创业和管理的建议和具体的帮助,例如情感支持、资金帮助、社交网络拓展等,指导和帮助创业者在较短的时间内提升创业能力。另外,那些已经接受过创业指导并成功地开始创业的人,也有机会成为创业指导的一部分,这样创业导师可以为需要指导的创业者提供实质性的帮助,从而让更多的创业者得到成长。

(二)出台开放性政策

为了支持创业企业的成长,政府有可能出台相应的政策措施,从而为整个创业环境创造一个积极的氛围。

首先,出台与税务相关的政策。为了帮助创业企业度过资金上的困难,政府可以出台与之相关的税收减免或免税政策。这样可以确保他们有更多的资金流向生产、运营和投资等各个领域,从而使企业的运转更为流畅。

其次,出台与资金相关的政策。为了支持创业企业的成长,政府专门划拨部分资金。只要企业的经营规模或税收达到一定标准,并对社会和市场作出了显著的贡献,都有资格申请这笔资金。在经过政府的资格审核之后,这些资金将会被正式拨付。这种做法既能助力杰出的企业持续运营或扩大其业务规模,从而推动经济的增长,同时也能为其他的创业公司提供激励作用,鼓励它们更加努力地经营,以满足申请资助的标准,并在市场上创造一个健康的竞争环境。

最后,出台与人才相关的政策。一个企业要想持续发展,必须要有一群杰出的人才作为支撑。政府可以制定相关的人才吸引政策,以吸引和聚集更多的优秀人才,这将有助于创业者在人才市场中迅速找到他们所需的创业伙伴,迅速组建创业团队,充分发挥人才的作用,使他们在创业的道路上走得更远、更好。

(三)提供支持性平台

通常情况下,政府掌握着更为丰富和全面的资源与信息,与创业者之间存在信息不对称的问题。为了推动创业企业的进一步发展,政府可以提供多样化的平台,以便与创业者实时共享信息,从而减轻信息不对称带来的不良影响。

首先,确保信息透明。在信息经济时代,企业视信息为不可或缺的资产。政府可以通过各种方式,如提供在线平台或组织政策宣讲活动,确保信息能够及时且准确地传达给创业者。这有助于大多数人更深入地了解政府、市场和行业的相关政策和信息,从而缩短探索和尝试的时间,降低相关成本。

其次,安排行业的交流活动。许多创新思维的火花往往是通过深入的交流和沟通产生的。政府可以充分利用其资源和地位优势,定期举办行业交流和分享活动,鼓励有共同兴趣的创业者分享经验、提出自己的疑惑。这种做法不仅能够拓宽人们的视野,激发新的创意和思考,还可以在交流中促进商业合作或组建团队。这样的商业机遇,对于初创者和整个商业市场来说都是一笔无价之宝,有助于推动经济的持续增长。

总之,一个开放、包容和健康的创业环境,以及一群志趣相投的合作伙伴为实现共同目标而努力奋斗,可以有效地激励创业者不断学习和提升他们的创业能力。这样的环境不仅能让他们更加从容地应对创业过程中可能遇到的各种挑战和变化,而且最终能够成功地推动经济的持续发展。反之,这也将进一步促成一个更加和谐和健康的市场环境,形成一个良性的循环系统。

第三节　助力创新创业能力提升的科技创新文化环境

一、科技创新文化环境

科技创新文化环境的内涵可以说是"创新文化",创新文化是科技创新文化环境的主要特征或核心部分。

(一)文化的含义

1."文化"的释义与构成

广义的文化通常指人类在社会历史实践过程中所创造的物质财富和精神财富的总和;狭义的文化指社会的意识形态,以及与之相适应的制度和组织机构。文化是一种社会现象,也是一种历史现象,每一社会形态都有与其相适应的文化,并随着社会物质生产的发展而变化。

文化从其构成上大致包括以下四个层面的内容:一是物质文化,包括人类加工制造的生产、生活的器具及其相关的技术;二是精神文化,包括人们的思想、价值观及心态等;三是行为文化,是指人们在社会交往中约定俗成的行为模式;四是制度文化,它表现为人们在社会实践中确立的社会基本规范等。在这四个层面的文化系统中,精神文化在文化系统中始终处于核心指导地位,并与其他层面的文化互为影响、互相作用。

2.创新文化的内容

"创新"一词在我国《现代汉语词典》中的解释是:"抛开旧的,创造新的。"创新可以是设计、制造的新方法,也可以是营销已有的产品。在创造的过程中和对结果的追求过程中都应有创新的理念。

创新文化是指与创新有关的价值观、态度、信念的人文内涵。科技创新文化是在特定的文化背景下,在科技创新实践中形成的有利于科技进步的思维方法、价值观和一系列文化要素的总和。创新与文化的关系、科技创新与文明进步的关系,既是一个深刻的理论问题,也是一个紧迫的实践问题。科技创新需要创新文化先行,任何一个技术创新都需要一个重大的人文创新引导,需要文化的大发展和大繁荣。

所谓"创新文化"就是指人类在社会实践的创造过程中所具有的开创性的素质、精神及行为方式等。在当前,特指是能支配指导和影响科技创新实践的人文精神和文化氛围。

创新文化需要文化创新。文化创新包括文化的创造性和文化的多样性。文化的创造性是人类进步的源泉。文化的多样性是人类最宝贵的财富,对发展是至关重要的。

(二)科技创新文化环境的作用

各个民族国家的文明在表层上可能出现认同,但在内核上则难以兼容。一个缺少文化核心的国家,不可能作为一个具有内聚力的社会而长期存在。因此,在当前实施科教兴国战略、建设创新型国家的实践中建设我国的科技创新文化环境将发挥非常重要的作用。

1.有利于弘扬优秀的中华文化

中华文化历来包含鼓励创新的丰富内涵,强调推陈出新、革故鼎新,强调"天行健,君子以自强不息"。建设创新型国家,必须大力发扬中华文化的优良传统,大力增强全民族的自强自尊精神,大力增强全社会的创造活力。

中华民族是一个富有创新精神的民族。我国古代辉煌的科技文明成就为世界文明发展作出了巨大的贡献。如春秋战国时期,百家争鸣的思想文化的解放,促进了自然科学的发展;医学、天文、历法、物理等方面的科学论著和创造发明不断涌现,同时,科技的进步又推动了社会经济的发展。从那时起,我国的科学技术水平开始领先世界。秦朝的都江堰工程是世界上第一个生态水利工程。汉朝十分重视科学技术的革新和创造,尤其是对实用性科学技术更是大力支持;还设立专门机构,向全国推广天文、历法、造纸术、司南等划时代的科学发明。汉朝所取得的一系列科学成就,成为我国古代社会文明高度发展的标志。魏晋南北朝的科学技术出现"实用与理论结合"的趋势。如刘徽的《九章算术注》、祖冲之父子推证球体体积的方法,以及对圆周率的推算,均有高度的理论概括水平。宋朝的四大发明演进,火药配方的改进,被广泛应用于军事;指南针的改良,开始应用到航海事业上;出现了活字印刷和铜版印刷技术,纸张质量提高。明朝的科举制度规范化,书院教育兴盛;多种宗教的并存与融合,西学输入,中医药学达到鼎盛,造船业达到高峰。

弘扬具有中国特色的创新文化,需要我们树立民族自信心和自豪感,深刻把握传统文化的精髓,真正认识和发挥传统文化在促进创新方面的积极作用,将传统文化与当代科学技术发展、当代文化思想融会贯通,构建具有丰富思想内涵和科学实践性的现代创新文化。中国文化承载了中华民族五千多年的历史,生生不息、绵延至今,依然富有生机和活力,是中华民族创造力的不竭源泉,是建设创新型国家的宝贵财富。

2.有利于实现国家富强

文化是综合国力的重要标志。我国的传统文化维系了我国数千年的社会变迁,特别是面对外来入侵,我国传统文化所具有的凝聚力、融合力和进取力,使我国一次又一次地渡过难关。随着文化、科技事业的发展,中国特色社会主义文化勃发生机,从而在政治、经济等方面显现出我国文化和综合国力之强盛。因此,文化的强弱是国力盛衰的标志之一。

一部人类发展史证明:国民之魂,文以化之;国家之神,文以铸之。西方文艺复兴时期的思想创新,打破了中世纪的黑暗;启蒙运动的文化创新,揭开了思想解放的序幕。这些思想文化观念的创新,成为推动这些国家走向兴盛的先导。工业化的历程告诉人们:越是创新活动活跃的地方,就越容易形成产业革命的广阔舞台;一旦丧失创新活力,就面临着竞争出局的危险。18 世纪以来,世界的科学中心和工业重心从英国转到德国、再到美国,看似地理位置上的更迭,实质上是创新能力强弱的转换,其中无不包含着深厚的文化内涵。

当今时代,国家间的竞争,已从单纯的经济层面上升到文化层面,创新文化成为一个国家最核心的软实力,一个国家创新能力的高低、创新精神的强弱,日益成为民族兴旺、国家富强的关键因素。创新文化不仅是构建创新型国家不可或缺的资源,更是国家竞争力的重要组成部分。

3.有利于建设创新型国家

《国家中长期科学和技术发展规划纲要(2006－2020 年)》已经明确提出:到 2020 年,我国要进入创新型国家行列。具体来说,创新型国家应至少具备以下四个基本特征:一是创新投入高,国家的研发投入占 GDP 的比例一般在 2% 以上;二是科技进步贡献率高达 70% 以上;三是自主创新能力强,国家的对外技术依存度指标通常在 30% 以下;四是创新产出高,目前世界上公认的 20 个左右的创新型国家所拥有的发明专利数量占全世界总数的 99％。其中,自主创新已成为国家竞争力的决定性因素。目前国家之间经济科技竞争的重点已前移到原始性创新方面。

建设创新型国家,首先要建设创新型城市。想要成为创新型城市就要满足一些先决条件,如拥有优良的交通电信基础和功能完善的城市中心区;拥有充足的文化、媒体、体育及学术活动的场所设施;拥有研究、开发与创新能力;拥有受教育程度较高的劳动力队伍;政府治理有效,服务高效;拥有多样化的文化事业基础设施和服务;拥有多样化的、高质量的居住选择;切实重视环保,在这方面有良好口碑;社会多元,能接纳各种观点的碰撞,各种文化的融合和各种体验的交汇;等等。2005 年 5 月,我国深圳率先提出建立"自主创新型城市"。2006 年,北京、天津、沈阳、上海等许多城市也明确提出要建立自主创新型城市。目前全国已有超过 200个城市提出了建设创新型城市的目标。

随着科技创新的飞速发展,我国建设创新型国家和创新型城市,又增添了新的内容。我国一些城市也提出要建设"智慧型城市"。所谓智慧型城市,就是运用智能设备组成的"物联网"对城市运行的各项关键信息进行实时感测,利用"互联网"及时将其传递和融合,通过城市核心信息的分析与整合,对包括医疗卫生、环境保护、公共安全、城市服务在内的各种需求作出智能的响应,从而提升城市基础设施的运作效率,提升城市运行管理和公共服务水平。

4.有利于促进科技创新

一个国家的文化,同科技创新有着相互促进、相互激荡的密切关系。创新文化孕育创新事业,创新事业激励创新文化。创新文化是科技革命的思想启蒙和精神动力。例如春秋战国时期诸子百家争鸣,促进了我国思想文化的一次大繁荣,为后来汉唐中华盛世奠定了丰厚的文化基础。从人类历史发生的四次科技革命看,每次科技革命都是以科学理论的创新推动了工程技术上的一系列发明,进而使人类的自然科学和社会科学都取得了巨大的成就和发展。

第一次科技革命发生在 18 世纪末到 19 世纪中期,以英国的工业革命为起点,以蒸汽机的广泛使用为标志;以电动机为代表的第二次科技革命发生于 19 世纪 70 年代,结束于 20 世纪初,科技进步是这次革命的全部基础;以原子能、空间技术、信息技术等为主要标志的第三次科技革命,兴起于 20 世纪的 40 年代,主要集中在信息、新材料、新能源、航天、海洋等领域;21 世纪以微电子技术为核心、以知识经济和创意产业为主要标志的第四次科技革命,将主要集中在生物工程技术、纳米技术、数字化及其他改变人类生活方式的重大科技领域。

在新的科技革命阶段,一些重大的科技成果从科学发现到技术创新的时间越来越短。例如摄影是 112 年,电话是 56 年,收音机是 35 年,雷达是 15 年,电视是 12 年,原子弹是 6 年,晶体管是 5 年。技术创新的迅猛发展也缩短了科学技术的更新换代周期。18 世纪前一般是 80～90 年;19 世纪到 20 世纪初,一般是 30～40 年;20 世纪初到 50 年代,一般是 15～20 年;20 世纪 50 年代后,一般是 5～10 年。从过去的蒸汽机动力每小时 6 公里,到现在的磁悬浮动力每小时 400 多公里,人类世界正凭借着不断创新的高科技向着未来的美好生活飞驰。

二、营造有利于科技创新的文化环境

创新能力从根本上取决于产生和利用创意的人。人才是一个国家最重要的创新资产。所谓"十年树木,百年树人",大批的可持续供应和发展的创新型人才,需要经过几代人的努力;而一代人的整体科学素质的提高必须从孩子抓起。

1. 创新意识与创新思维

创新文化来自创新意识。一个国家的创新精神的树立,源自全民族创新意识的提高。创新意识包括创新思维,创新思维指导和推动科技发展。

首先,创新意识表现为有强烈的问题意识。具有强烈创新意识的人能够善于从生活中的各个方面发现问题,见微知著。他们不仅爱提问、喜欢刨根问底,而且往往能提出别人想不到的问题。有了问题才会激发人们去探索、去创造。其次,创新意识也表现为强烈的想象意识和开拓意识。世界著名科学家爱因斯坦曾经说过,想象比知识更加重要。知识是有限的;而想象能够拥抱整个世界,推动进步、促成发展,想象在科学研究中是一个重要的因素。开拓意识强的人从不墨守成规,往往能够打破现状,摆脱困境,并能从习以为常的事物中找出缺点,产生不满,从而导致创新求索欲望的出现。最后,创新意识也表现在有强烈的敢于克服困难的意识。具有创新意识的人往往会面对困难毫无畏惧,或者能巧妙地绕过困难而迂回前进。

创新思维需要系统思维。改革开放以来,中国人的思维方式已经发生了巨大转变,从简单化、片面化、极端化的思维,已经开始向系统化、个性化的思维转变。系统思维具有这样的特征:承认事物及其组成要素的多样性;重视系统要素之间及系统同外部环境的变化协调与发展均衡;对系统的具体运行不是简单地进行干预,而是遵从其内在机制加以调控,为其运行发展创造条件。

2. 创新精神与科学精神

创新精神是科技发展的生命力。创新精神的核心是科学精神。马克思曾指出:科学是一种在历史上起推动作用的、革命的力量。邓小平指出:科学技术是第一生产力。

何为"科学"?"科学"指的是反映自然、社会、思维等的客观规律的分科知识体系,其研究范围包括:自然科学、社会科学和思维科学。科学主要有两个历史根源。首先是技术传统,它将实际经验与技能一代代传下来,使之不断发展;其次是精神传统,它把人类的理想和思想传下来并发扬光大。

何为"科学精神"?科学精神不仅是科学家们所具有的职业精神,也是整个人类社会的实践活动中所具备的基本精神。人类认识自然、改造自然,从而达到整个人类全面、自由、和谐地发展,科学精神就是人类追求真理的精神,即追求人类发展的客观规律,由理性精神和实证精神所支撑,求真务实则是科学精神的核心所在。

中外学者对于"科学精神"的理论性研究探讨最早可以追溯到 1916 年。当时的中国科学社社长、留美学生任鸿隽在《科学》第二卷第一期上发表了《科学精神论》,认为"科学精神者何,求真理是已"。1922 年 8 月,梁启超发表了"科学精神与东西文化"的讲话,提出"从最广义解释,有系统之真知识,叫作科学,可以教人求得有系统之真知识的方法,叫作科学精神"。1941 年,竺可桢发表了《科学之方法与精神》,将科学精神概括为"不盲从、不附和、依理智为归""虚怀若谷、不武断、不蛮横"和"专心致志、实事求是"三个方面。1942 年,美国科学社会学家默顿提出了四条规范作为科学精神的内涵:普遍性、公有性、无私利性和理性的怀疑。

弘扬科学精神有着巨大的现实意义。唯有科学精神才足以保证人类的进步,唯有立足于科学精神之上的民主,才是一种牢靠的民主,也唯有科学精神才足以打破权威主义和权威主义下面的恩赐的民主。

三、营造有利于科技人才成长的社会氛围

科技创新需要科技人才的努力,而科技人才的成长需要宽松的社会氛围。

(一)形成对科技(创新)人才的社会共识

科技人才是具有独立思考能力的创新群体,属于知识分子范畴。知识分子在社会中的地位和作用不可忽视。西方对知识分子的定义为:具有明确而稳定的价值观,不被强权左右,能以牺牲自己的声誉、财富、安宁为代价追求正义的一群人。我国现代知识分子可以定义为:具有独立人格和系统思考能力,能以各种媒体形式(包括发明某些物质形式)充分表达自己的话语权,并为社会提供批判性或借鉴性思想言论和成果的一类群体。

科技人才也是创新人才。创新人才是与常规人才相对应的一种人才类型。所谓创新型人才,就是具有创新意识、创新精神、创新能力并能够取得创新成果的人才。而所谓常规人才则是创新意识、创新精神、创新能力不强,习惯按照常规的方法处理问题的人才。创新型人才与通常所说

的理论型人才、应用型人才、技艺型人才等是相互联系的,它们是按照不同的划分标准而产生的不同分类。无论是理论型人才、应用型人才还是技艺型人才,都需要有创造性,都需要成为创新人才。在对创新人才的具体理解上,社会应当逐步形成这样一些基本共识:

1. 创新人才的基础是人的全面发展

创新意识、创新精神、创新思维和创新能力并不是凭空产生的,也不是完全独立发展的,它们与人才的其他素质有着密切的联系。因此,创新人才首先是全面发展的人才,是在全面发展的基础上将创新意识、创新精神、创新思维和创新能力高度发展的人才。

2. 个性的自由发展是创新人才成长与发展的前提

大学要培养具有创造性的创新人才,就必须首先使他们成为一个作为人的人、真正自由的人、具有个体独立性的人,而不是成为作为工具的人、模式化的人、被套以种种条条框框的人。虽然不能说个性自由发展了人就有创造性,就能成为创新人才,但没有个性的自由发展,创新人才就不可能诞生。因此,创新人才相对来说就是个性自由、独立发展的人。

3. 当代社会的创新人才,是立足于现实而又面向未来的创新人才

应该具备这五个方面的素质:博、专结合的,充分的知识准备;以创新能力为特征的高度发达的智力和能力;以创新精神和创新意识为中心的自由发展的个性;积极的人生价值取向和崇高的献身精神;强健的体魄和毅力等。

(二)提倡科技人才的创新献身精神

要大力弘扬以爱国主义为核心的民族精神和以改革创新为核心的时代精神,增强民族自信心和自豪感,增强不懈奋斗、勇于攀登世界科技高峰的信心和勇气。在科技创新的浪潮中,科技人才只有充分具备这种自信心和勇气的创新献身精神,才能成为勇立潮头的骁勇。为此,我们要做到以下两点。

1.剔除阻碍人才成长的传统糟粕

中华文明五千年悠悠历史,文化积淀厚重,既闪烁着许多利于培养创新型人才的精华,也不乏阻碍创新型人才脱颖而出的糟粕。今天,虽然有人常以"天行健,君子以自强不息"的古训砺己、励人,但同时"枪打出头鸟""木秀于林,风必摧之"的禁忌仍不绝于耳。于是,敢于冒尖者被视为"冒失",打破常规者被视为"异类",富有个性者被视为"不成熟"。这样的认识观念,阻碍了探索的步伐;这样的文化心理,泯灭了创新的火花。

因此,在提倡科技人才树立创新献身精神的同时,我们要不忘积极剔除不利科技创新人才成长的文化糟粕。另外,我们的视野还应再开阔一些,思维再活跃些,把眼光置于世界的大环境下,善于吸收现代文化的精髓,让古老的中华文化与现代文明相融合,兼容并蓄,以此产生"杂交效应"和"发酵效应",让创新文化的内涵更为丰富,让创新型人才更多地涌现出来。

2.提倡为真理而奉献的创新精神

冯友兰先生曾经把人生喻为四大境界:自然境界、功利境界、道德境界和天地境界。其中的第三、四境界就是创新人才追求真理所崇敬的主要人生境界。当今,我们在科技创新中要为值得奉献的目标而付出艰辛的努力。倘若一个人的职业同时是他的志向,会自然体现出最高的职业精神:不计较报酬、不在乎功名,所做的一切,只为追求一个完美的境界。在这样的境界之中,人们会发现自己生存的意义,感受到活着的幸福和自我满足。人之所以有职业精神,是因为有一种"天职感",又叫作"使命感",相信自己从事的工作,是神圣事业的一部分,即使是最卑微的工作,也会从中获得某种超越人生的价值。

在创新中我们要为人类共同理想奉献,不要为谬误和权威而屈从。这是区别封建的"奉献"论与现代民主的"奉献"论的分水岭。现代民主则强调公民在为理想、事业奉献中同时实现自身的价值与完成崇高的使命。在以信息网络为特征的新世纪中,我们所提倡的"奉献与创新"精神,就是要高举为真理(创新)而献身的大旗。

人类实践活动中,要弘扬以下五种精神:一是理性的怀疑精神,这是从追求真理的前提出发,包括独立思考精神。对"奉献精神"我们要做理性思考:为何奉献?如何奉献?二是勇敢的探索精神,这是就追求真理的勇气而言,包括求证和实验精神等。三是大胆的创新精神,这是指追求真理的特性所在,包括继承和开放精神等,我们提倡和发扬"奉献"精神既不能与民族的优秀传统文化隔离,又要与时俱进。四是和谐的合作精神,这是适应追求真理的环境场所,包括团队和民主精神等,在"奉献"中,我们既提倡人人为社会奉献,同时也强调团队的奉献比个人的奉献更加伟大壮丽。五是无畏的献身精神,这是所有追求真理的职业精神,包括宽容和自由精神等,这是指"奉献精神"中的最高境界。我们既要提倡在为真理奉献中具有"我不下地狱,谁下地狱"的大无畏勇气,也要对那些已经付出很多但最后珍惜生命的"奉献者"给予一份关爱和理解。同时,强调人人自觉奉献,人人自由奉献。

(三)形成宽容失败、容忍犯错的社会氛围

如果说创新是一个系统工程,是人类不断探索真理的过程。那么,我们必须承认:失败与成功是一对伴随人类社会发展每一个脚步的孪生兄弟。一部人类社会发展史,就是成功与失败交织的历史。

1. 失败是通向成功的阶梯

"失败是成功之母",意味着失败是成功的先导,人们往往能从失败中吸取教训,变失败为胜利。许多科学家和发明家在科学探索道路上取得成功,都是从"失败"中走过来的,他们是从失败的记录中找出成功的轨迹。例如:发明小儿麻痹症疫苗的医学家乔纳斯·索尔克博士,经过201次的艰苦实验,最终研制成功脊髓灰质炎疫苗,使这一病症对人类的肆意蹂躏成为历史。

卓越的科学家无一不是经历无数的失败,才最终摘取到成功的花环。古语有云"失之东隅,收之桑榆",也比喻在某方面失败了,有可能在另一方面获得胜利。失败和成功是一对矛盾,但失败之所以是成功之母,是因为世界上任何事物都是对立的统一,任何事物都存在矛盾着的两个方面,

但任何一方都不能孤立地存在。矛盾双方都因一定条件而互相联结,并向其相反的方面转化:失败与成功也是对立的统一。

2.培植宽容失败的文化土壤

我国有着浓厚的传统封建色彩。一方面,受传统思想熏陶,许多经历失败的创新者,往往在探索真理艰难曲折中望而却步,从而有极大可能与成功仅一步之遥或失之交臂,这也是社会的悲哀;另一方面,目前宽容失败、容忍犯错的社会氛围还不够浓厚。一些单位的领导容忍下属犯错误、允许下属失败的胸怀和气度还不够宏大。这种做法虽然减小了选题失败的风险,但也扼杀了创新精神,导致在科学研究上,只愿走别人走过的路,基础研究不够。在创新过程中,培植鼓励冒险、宽容失败、容忍犯错的文化土壤显得十分迫切而重要。

(四)加强科研职业道德教育

1. 健全有利于科技人才成长的培养机制

职业道德教育与人才培养机制密切相关。伟大的创新事业需要大量的科技人才的不断涌现,科技人才的涌现需要良好的培养机制。首先我们要从思想上认识到,科技人才的培养是实施科技创新战略、振兴中华文明的一项重大而紧迫的任务;其次要通过"本土培育"与"外来嫁接"的有效结合,加大科技人才的培养力度;还要建立健全科学的科技人才评价体系和科技人才的使用激励机制,以高层次人才队伍建设为重点,推进科技人才资源的整体开发。

在人才培养机制上,还需要注意的是:

(1)以提高创新能力和弘扬科学精神为核心,加快培养专业技术人才。一是完善政策体系吸引创新人才。借鉴国内外的成功经验,研究制定各类人才的引进、培养和使用政策,逐步实现人才管理的制度化、规范化和法治化,为优秀人才脱颖而出和人尽其才创造有利的政策与法治环境。二是搭建创业平台吸纳人才。坚持正确的用人导向,给肯干事的人机会,给能干事的人岗位,给干成事的人回报。一方面,大力发展科技型、专业型、配套型的中小企业和民营科技研究机构,并提高它们聚集人才的能力;另一方面,加快培育和发展专业技术人才载体,加强企业科研工作站建设,为高层次人才创业、创新发展提供平台、创造条件。三是创新管理机制激励人才。把物质激励与精神激励有机结合起来,建立全方位的激励机制,最大限度地激发人才的工作热情和创造潜能,使人才积极致力于提高创新能力,为推动经济社会发展做贡献。

(2)不断拓展创新思维,形成创新人才继续教育的新机制。继续教育要以高层次人才和创新人才培养为重点,以改革创新为动力,构建起终身化、网络化、开放化、自主化的继续教育网络体系和人才终身教育体系。继续教育主要是围绕新理论、新技术、新知识和新信息,对各类人才的知识结构和业务技能进行补充、更新、拓展、提高,培养各类人才的自主创新能力,从而促使他们更新知识、提升能力。

在创新人才的继续教育中,我们要着力提高创新人才的实践能力,形成创新人才脱颖而出的新机制。实践锻炼是全面提高人才工作能力的根本途径。我们可以采取让新职业岗位的人才到一线锻炼、重点人才重点培养、建立专门实验室等方法,帮助他们在实践中快速增长胆识和才干,提高解决实际问题的能力。同时,还要强化各类高层次专业培训,让他们掌握生产经营、企业管理和科学实验的新知识和新理论,培养一支“会管理、懂经营、能实验”的技术和管理力量。

(3)创新人才的个性培养。首先,要从小培养孩子自信、自立、自强的独立人格,注意发现和培养孩子的兴趣特长,顺其特长而不是遵从家长意志去发展,让其在选择自己成才道路方面有更多的自主权,大胆放手让孩子去做。建立自信、自强的品格,是创新人才所必须具备的心理素质,是素质教育的基本要义之一。其次,要培养和激发创新的激情。创新激情源自浓烈的兴趣、远大的抱负、成功的欲望、执着的追求,它将大脑的神经最大限度地调动起来,把智慧潜能激发出来,把全部心血投入进去,使其特长大放异彩,这是创新成功必有的精神状态。最后,创新人才的团队合作训练也要与个性培养紧密结合。一项伟大的科学发现或技术发明,最终形成科技成果,往往需要一个强有力的科技实验的团队合作完成。不同的个性思维容易在碰撞中产生创新的思维火花,从而形成卓有成效的集体智慧成果。

培养创新人才健全的心理素质,良好心态决定创新人生,积极的心态是成就事业的基础。创新过程中,每个人会面临无数次的失败和艰难,要学会在困境中找到求生的希望,只有努力前进才能达到创新的目标。

2.建立有效的科技创新激励机制

建立有效的科技创新激励机制,也是加强科研职业道德教育,构建科技创新文化环境的重要组成部分。一个行之有效的激励机制,能起到鼓励作用,能推动科技创新。

建立科技创新激励机制的三大要素:

(1)创新激励机制的建立,是一个新旧制度的调整。以某企业电路部门的改革为例,该部门为了实现让员工热爱工作,不断改进创新的工作场所这一目标,进行过多种计划和方案的尝试,每一次的效果都只是短期的,激起的只是一刹那的火花与兴奋。该部门自成立以来,几乎就是靠企业内部的独家生意舒舒服服地过日子。如果该企业的其他部门可以向外界采购的话,电路部门就再也不能像现在这样高枕无忧了。最后,主管们决定取消公司内购的规定,引入竞争。从此电路部门的环境焕然一新,四处充满活力。新旧制度的不断破立、调整的过程,才是符合创新激励机制的科学发展规律的。

(2)创新激励机制要自主创造,使全体成员共同参与。领导层制定激励机制,可以参照其他组织的做法,寻求灵感。但是,最好的激励机制就算不是全盘创新,至少也是针对某一独特情形的创新。因此,它是组织中全体成员的参与与创造的过程。虽然有些机制需要借鉴高级主管的意见,但更多创新的机制并非由最高管理层所创造。

(3)要允许激励机制及时修正,不断进化。一个创新机制在实际的运用当中,可能会产生各种意想不到的负面效果而需要加以修正。即使一开始就运作得很完美,也须不断地加以改进。

参考文献

[1]陈建.大学生创新与创业基础[M].北京:北京理工大学出版社,2021.

[2]陈巍,张文利.大学生创新基础与实践[M].北京:清华大学出版社,2022.

[3]冯林,张崴,刘凡儒,石丽红.大学生创新基础[M].北京:高等教育出版社,2022.

[4]韩丽华.创新创业教育理论与实践的研究[M].沈阳:辽海出版社,2019.

[5]何静.创新能力开发与应用[M].3版.广州:暨南大学出版社,2022.

[6]胡贝贝,张秀峰,杨斌.创新型创业人才的基础素质与专业能力研究[J].科学学研究,2020(12):2228-2235,2245.

[7]李晓峰,徐海鑫.大学生创业教育体系的构建与实践[M].北京:经济日报出版社,2019.

[8]刘畅.校企合作模式下 Web 前端开发方向创新创业能力培养策略[J].黑龙江工业学院学报(综合版),2024(4):7-10.

[9]罗均梅,徐翠丰,姜忠辉.企业数字创新能力的动态演化和驱动机制研究[J].科研管理,2024(8):11-21.

[10]马学条.开放式科技创新实训平台建设与实践[M].北京:中国纺织出版社,2020.

[11]石依禾.基于大学生创新创业能力提升的"一核五环"财经素养教育实践路径研究[J].商情,2024(14):141-144.

[12]陶金元.设计思维理念与创新创业实践[M].北京:企业管理出版社,2021.

[13]王克.高校创新创业探究[M].北京:北京时代华文书局,2021.

[14]王媚,李波,邵广.大学生双创思维导论与实践[M].长春:吉林大学出版社,2019.

[15]魏红,任晓阳,宁静.创业与管理[M].北京:经济科学出版社,2019.

[16]魏拴成,王晶,葛凤,曹扬.社会创业学:社会创业思维·过程·实践[M].北京:机械工业出版社,2022.

[17]新时代高校大学生创新创业精神培育与能力提升研究[M].北京:九州出版社,2019.

[18]杨兆宇,刘泽金,等.基于创新创业实践背景下的大学生创新创业能力提升研究[J].冰雪体育创新研究,2023(10):165-167.

[19]姚佳.高职工科专业创新创业能力培养模式研究与实践[J].创新创业理论研究与实践,2021(15):123-125,130.

[20]尹苗苗,冯心莹.用户创业资源开发能力生成过程——基于资源编排视角的多案例研究[J].科学学与科学技术管理,2024(5):124-140.

[21]于雷,陈国强,王静雅.创业思维融入大学设计教育的实践研究[J].艺术设计研究,2023(2):123-128.

[22]臧亚南,柳峰,李鹏.职业院校大学生创新训练与创业实践[M].上海:上海交通大学出版社,2023.

[23]赵红妍,李真,刘浩.从创新思维到创业实践[M].哈尔滨:哈尔滨工业大学出版社,2022.

[24]中国科学技术馆.科普资源开发与创新实践[M].北京:社会科学文献出版社,2019.

[25]朱婧玮.基于创新创业理念的电子技术课程改革实践研究[J].创新创业理论研究与实践,2023(4):46-48.